Rudolf Richter

Theoretische Volkswirtschaftslehre

Rudolf Richter

Theoretische Volkswirtschaftslehre

Eine persönliche Kurzfassung

2., erweiterte Auflage

Tectum Verlag

Rudolf Richter
Theoretische Volkswirtschaftslehre
Eine persönliche Kurzfassung
2., erweiterte Auflage

ISBN 978-3-8288-4724-6
ePDF 978-3-8288-7820-4
ePub 978-3-8288-7821-1

Gesamtverantwortung für Druck und Herstellung
bei der Nomos Verlagsgesellschaft mbH & Co. KG

Printed in Germany

Besuchen Sie uns im Internet
www.tectum-verlag.de

Bibliografische Informationen der Deutschen Nationalbibliothek
Die Deutsche Nationalbibliothek verzeichnet diese Publikation in der Deutschen Nationalbibliografie; detaillierte bibliografische Angaben sind im Internet über http://dnb.d-nb.de abrufbar.

Ich danke
Max Albert, Elisabeth und Klaus Richter,
Jürgen Eichberger, Ulrich Schlieper, Dieter Schmidtchen,
Udo Schmidt-Mohr, Peter Strittmatter
für ihre Durchsicht und Kritik des Manuskripts.

Inhalt

I.
Zum Hintergrund

Volkswirtschaftslehre ist Teil der Wirtschaftswissenschaft oder „Ökonomik“ (*economics*), also einer Tätigkeit, die noch für unsere Großväter und Urgroßväter allenfalls als Handwerk oder als Sache des gesunden Menschenverstands galt. Aber die Zeiten änderten sich, Wissenschaft wurde Trumpf, und so erstaunt es nicht, dass so gewöhnliche Dinge wie kaufen und verkaufen, Darlehen geben oder Schulden machen, Reichtümer gewinnen, anlegen, verwalten und andere Aktivitäten des gesunden Menschenverstands nicht mehr allein der Praxis überlassen wurden, sondern sich zu speziellen Wissenschaften entwickelten. Volkswirtschaftslehre ist eine davon. Aber was versteht man darunter?

Jacob Viner, einst Professor der Volkswirtschaftslehre (*economics*) an der Princeton University antwortete: *„Economics is what economists do!“* Damit hat er natürlich die Frage nicht wirklich beantwortet. Um das zu tun, müssen wir weiter ausholen: Volkswirtschaftslehre (Ökonomik) ist ein Kind der Aufklärung – der Zeit, in der man anfing „den Mut zu haben, sich seines eigenen Verstandes zu bedienen“ (Immanuel Kant, 1784). An spekulativem Denken über das Wie und Warum unseres gesellschaftlichen Lebens kam man dabei nicht vorbei. Das ist die Tätigkeit, die – nicht ohne Schmerzen: dem **Methodenstreit**[1] – zur Entwicklung dessen führte, was wir heute **Theoretische Volkswirtschaftslehre** nennen[2] – eine reiche Sammlung

1 Ausgelöst durch die Attacke von C. Menger (1883 [1969]) auf G. Schmoller (1900), vgl. Richter (2015, Kap. 8).

2 Die **Betriebswirtschaftslehre (BWL)** zweigte sich in Deutschland später ab. Seit Erich Gutenberg (1951) gibt es jedoch gewisse Gemein-

politischer Philosophien,[3] über die ich nur in Grenzen wissenschaftlich gearbeitet habe und die ich in diesen Grenzen kurz schildern und kritisch beleuchten werde.[4]

Um gedankliche Ordnung in die Galerie von Theorien des nationalen und internationalen Wirtschaftslebens zu bringen, werden unterschiedliche Bilder oder Sprachregelungen verwendet, von denen sich der **neoklassische Denkstil** als internationale Konvention durchgesetzt hat. Er beruht sowohl auf Ansätzen der **Rechtswissenschaft (1.)** als auch der **Naturwissenschaft (2.)**, nämlich: **(1.)** auf den **Grundsätzen des Naturrechts** (David Hume (1739/40[5]), **(2a)** auf dem **ökonomischen Kreislaufmodell,** das auf die Entdeckung des Blutkreislaufs zurückgeht (François Quesnay, Tableau Économique, 1759) und **(2b)** auf dem Konzept **des Gleichgewichts auf allen Gütermärkten,** dem Newtons Himmelsmechanik zugrunde liegt (Léon Walras 1874). Dazu passt der **Grundsatz der Wirtschaftlichkeit**, ein bestimmtes Ziel mit dem geringstmöglichen Aufwand zu erreichen. Die Ansätze (1) und (2a) geben uns allerdings keine Antwort auf das zentrale Problem allen Wirtschaftens: **das Problem rationalen Handelns angesichts der Ungewissheit der Zukunft**. Überlegungen dazu bieten F.H. Knight (1921), J.M.

---

samkeiten. Ich belasse es hier bei „economics“ oder auf Deutsch **Volkswirtschaftslehre** (**VWL**).

3 U. Mäki (2012, 5 ff.) diskutiert ausführlich die Frage des **„realism“** ökonomischer Theorien und Modelle. Er schließt: „There is more realism in and about economics than first would appear.“ Für mich selbst blieb durchgehend von Interesse, was alles aus einer Menge mehr oder weniger vereinfachender Annahmen über die reale Welt logisch folgt.

4 Richter (2015), 154–156.

5 Zur Anwendung der Grundsätze des Naturrechts in der Wirtschaftspolitik vgl. Eucken (1975) sowie Richter (2018b), 677–678 und Richter (2014).

Keynes (1936) und später auch die Vertreter der **Neuen Institutionenökonomik**.[6] Eine frühe Rolle – wenn auch nicht die einzige – spielten bei dieser Entwicklung die Schottischen Moralphilosophen, insbesondere **David Hume (1711–1776)** und **Adam Smith (1723–1790)**.[7]

Ich beginne mit einigen Sätzen von **David Hume (1739/40)**, die er seiner Erklärung vom *Ursprung von Rechtsordnung und Eigentum* vorausschickt, und mit denen er die von ihm beschriebenen **Grundsätze des Naturrechts** erklärt. Hume eröffnet seine einfache Überlegung wie folgt:

> „Unter allen Tieren, die den Erdball bevölkern, gibt es keines, gegen das die Natur auf den ersten Blick grausam verfahren zu sein scheint; nur gegen den Menschen [scheint sie grausam]. Wie zahllos sind die Bedürfnisse und notwendigen Ansprüche, mit denen sie ihn belastet, und wie gering die Mittel, die sie ihm zur Befriedigung derselben gewährt hat. [...]
> Nur durch Vergesellschaftung kann er diesen Mängeln abhelfen und sich zur Gleichheit mit seinen Nebengeschöpfen erheben, ja sogar eine Überlegenheit über dieselben gewinnen. Durch die Gesellschaft wird seine Schwäche ausgeglichen [...].
> Wenn jeder einzelne Mensch allein und nur für sich arbeitet, so reicht seine Kraft nicht aus. [...] Zudem sind seine Kraft und die Möglichkeiten ihres Gebrauchs nicht immer dieselben und der kleinste Ausfall in einem von

6 Vgl. Überblick in Richter (2016a).

7 Zum Realismus der Wirtschaftstheorie (*economics*) vgl. Mäki (2012, 3–24).

> beiden kann unvermeidlichen Ruin und unvermeidliches Elend nach sich ziehen. Die Gesellschaft sorgt aber für ein Mittel gegen diese drei Übelstände. Durch die Vereinigung der Kräfte wird unsere Leistungsfähigkeit vermehrt; durch Teilung der Arbeit wächst unsere Geschicklichkeit, und gegenseitiger Beistand macht uns weniger abhängig von Glück und Zufall. Durch diese Vermehrung von *Kraft*, *Geschicklichkeit* und *Sicherheit* wird die Gesellschaft nützlich." (Hume 2004, 480)

Moderne Ethnologen setzen hier mit ihrer Kritik an. So schreibt beispielsweise E. Henrich (2016), „how critical it is to recognize that people are automatic cultural learners, that we follow social norms, and that the cultural worlds we grow up in influence what we attend to, perceive, process, and value." (Ebd., XIII). David Hume drückt sich analog aus: Das menschliche Zusammenleben setzt eine elementare **Rechtsordnung** voraus, die u. a. **Eigentum**, **Vertrag** und **Haftung aus Vertrag** regelt – die drei **Grundsätze des Naturrechts** (Hume 2004, 483). Sie sind nicht das Ergebnis eines Vertrags zwischen den vielen Einzelnen, sondern eine Folge ihrer gegenseitigen Interessen. So schreibt Hume zum Beispiel zum individuellen Eigentum:

> „Ich sehe, es liegt in meinem Interesse, einen anderen im Besitz seiner Güter zu belassen, dass er in gleicher Weise gegen mich verfährt. Er seinerseits ist sich eines gleichen Interesses bei der Regelung seines Verhaltens bewusst. Wird dies Bewusstsein eines gleichartigen Interesses wechselseitig kundgegeben, ist es also beiden bekannt, so erzeugt es ein entsprechendes Wollen und Verhalten. Und dies kann

folglich eine Übereinkunft oder ein wechselseitiges Einverständnis genannt werden." (Hume 2004, 484)

Die Grundsätze des Naturrechts entsprechen den Bedingungen eines **Nash-Gleichgewichts**[8] der Spieltheorie. Die Stabilität der Rechtsordnung eines Landes lässt sich insofern mit Hilfe eines spieltheoretischen Gleichgewichtskonzepts begründen. Zu dieser Art rationalen Begründung einer „organischen" Entwicklung von Institutionen gehören die berühmten Überlegungen von Carl Menger (1883) und Friedrich von Hayek (1973). Sie sind Gegenstand der dynamischen Spieltheorie und erklären die Evolution gewisser Institutionen als „das unreflectierte Ergebnis der auf die Erreichung wesentlich *individueller* Zwecke gerichteten menschlichen Bestrebungen." (Menger 1883, 164)

Diese **Institutionen** entwickeln sich „ohne alle Übereinkunft, ohne legislativen Zwang, *ja selbst ohne jede Berücksichtigung des öffentlichen Interesses*" (Menger 1883, 176; Hervorhebung im Original). Sie sind in dem Sinne ein Produkt der „unsichtbaren Hand". Als Beispiele nennt Menger, wie zuvor Hume, das Geld (172), die Ortschaften (178), den Staat (179), die Sprache, das Recht (180). Menger spricht von Institutionen *organischen* Ursprungs. Ihnen stünden Institutionen *pragmatischen* Ursprungs gegenüber, die „das Ergebnis des auf ihre Begründung gerichteten Gemeinwillens" seien (Menger 1883, 145). Hayek spricht statt von einer „Institution" von „Ordnung" und unterscheidet zwischen „spontaner" und „konstruierter" Ordnung, oder *cosmos* und *taxis*. (Hayek 1973, 37).

M. Aoki (2001) greift diese Möglichkeit auf und definiert eine **Institution** (hier: die Grundsätze der Rechtsordnung ei-

8 Nash (1951).

ner Wirtschaft) **als ein herausragendes Nash-Gleichgewicht eines rekurrierten (strategischen) „Superspiels“**[9] über die Methode, nach der ein gegebenes „zugrundeliegendes Spiel“ wiederholt gespielt wird.[10]

Im **Allgemeinen Gleichgewicht** müssen die Wirtschaftspläne der Einzelnen miteinander kompatibel sein, was voraussetzt, dass jeder mit jedem verhandelt. Das kostet Zeit und wirtschaftliche Ressourcen („Transaktionskosten“). Ein sehr altes, immer noch funktionierendes Verfahren zur Lösung des Koordinationsproblems der individuellen Wirtschaftspläne besteht darin, eine allgemeine Rechnungseinheit wie Geld zu verwenden und die Koordination der individuellen Wirtschaftspläne der Bildung von **Konkurrenzpreisen** auf **Märkten** zu überlassen. Angebot und Nachfrage bestimmen für alle gehandelten Güter den Preis (ausgedrückt in Rechnungseinheiten pro Mengeneinheit eines jeden Gutes). Aus naheliegenden Gründen (nicht zuletzt wegen der Möglichkeit **opportunistischen Verhaltens**[11] Einzelner), muss es dazu ein wirksames Durchsetzungsverfahren des Rechts geben. Wie D.C. North (1990) schreibt, zeigen jedoch die Erfahrungen mit Entwicklungsländern, dass die „Unfähigkeit von Gesellschaften, wirksam und mit geringen Kosten die Erfüllung von Verträgen zu sichern, […] die wichtigste Ursache […] für die Unterentwicklung der dritten Welt“ ist.[12] Die Grundrechte des Naturrechts genügen nicht

9 Zum Beispiel eines Gefangenen-Dilemma-Spiels vgl. im Übrigen Richter in http://www.uni-saarland.de/fak1/fr12/richter/instSpiel%20PDF.pdf, 1.6.2020.

10 A. Schotter (1981), *The Economic Theory of Social Institutions*, Cambridge, MA.

11 O. Williamson (1985, 47 ff.) versteht unter Ex-post-Opportunismus Vertragsbruch, verstecktes Handeln, verzerrte Darstellungen o. ä.

12 Deutsche Übersetzung: North (1992, 65).

für eine wirtschaftlich-rationale soziale Steuerung, es bedarf noch der Hilfe eines Dritten: des Staates.

So weit zum Hintergrund des Themas unserer Ausführungen, in denen wir vereinfachend die Existenz eines **allgemeinen Konkurrenzgleichgewichts** unterstellen, d. h. einen Zustand, in dem die Wirtschaftspläne aller einzelnen aufgehen.[13]

Zwischenbemerkung Nr. 1:

Edmund Burke, ein englischer **konservativer Sozialwissenschaftler**, vertritt nach seinem Interpreten Richard Bourke (2015, 703 f.) die folgende Auffassung:[14] „Die großen Erfolge der modernen europäischen Zivilisation sind in der Verbesserung des Benehmens der einzelnen Mitglieder einer Marktgesellschaft zu sehen. […] Handel ‚vereinigt' zwar durch Interessenausgleich. Für Burke reichte das aber nicht aus, um die vielen Teile einer komplexen Gesellschaft zusammenzuhalten. […] Großzügiges Benehmen ist notwendig, um den sozialen Frieden zu erhalten. Historisch gesehen ist das eine Fortsetzung von Ritterlichkeit und Treue, von Grundsätzen die zu gegenseitigem Respekt und zur Überbrückung sozialer Gegensätze beitragen. Sie sind eine noble Form gegenseitiger Anerkennung im gesellschaftlichen Leben. Herrschaftsverhältnisse begannen freundliche Formen anzunehmen, Gehorsam wurde freimütig gewährt. Burke beschreibt diese Art von sozialer Annäherung als Freundschaft (*amicitia)* auf der Grundlage gegenseitiger Anerkennung. Burke hielt im Übrigen die Harmonie

13 Vgl. dazu Debreu (1959), 83–89.

14 Übersetzt aus dem Englischen vom Verfasser.

von (Markt-)Ordnungen für eine speziell Europäische Errungenschaft. Für ihn war gegenseitige Achtung die zentrale Eigenschaft des Marktes, nicht der Profit. Die Marktgesellschaft ruhte aus seiner Sicht auf ästhetischem Feingefühl und ‚moralischen Vorstellungen'.[15] Aus dieser Perspektive konnten die Einzelnen gesellschaftliche Unterschiede eher hinnehmen als sie abzulehnen."

Nach Edmund Burke hat also der **Markt (und damit der vielgeschmähte Handel) entscheidend zur Zivilisation der Menschheit beigetragen**. Der Markt ist damit mehr als bloß „eine soziale Institution, die den Handel ermöglicht" (Coase 1988, 8). Burkes Auffassung einer „Marktwirtschaft" ist in Deutschland (und in den USA) bei weitem nicht so bekannt wie etwa die Figur des „**Homo Oeconomicus**"[16] oder die Sichtweise der von Karl Marx so bezeichneten Bourgeoisie: „Die Bourgeoisie hat alle bisher ehrwürdigen und mit frommer Scheu betrachteten Tätigkeiten ihres Heiligenscheins entkleidet. […] Die Bourgeoisie hat dem Familienverhältnis seinen rührend-sentimentalen Schleier abgerissen und es auf **ein reines Geldverhältnis zurückgeführt.**" (Hervorhebung durch den Verf.)

Das Manifest gipfelt damit, dass mit „der Entwicklung der großen Industrie […] unter den Füßen der Bourgeoisie die Grundlage selbst hinweggezogen wird […]. Sie produziert vor allem ihren eigenen Totengräber. Ihr Untergang und der Sieg des Proletariats sind gleich unvermeidlich." (Karl Marx und

15 „Bürger ist, wer aufhört, gegen sich bequem zu sein. Seine Freiheit impliziert Selbstdisziplin. Frei ist ein Mensch, dessen Selbstwertgefühl aus Selbstdisziplin erwächst." N. Bolz (2010, 129), für den „die Pflicht zur Neigung" geworden ist.

16 O'Boyle, „Requiem for Homo Economicus", in: *Journal of Markets & Morality* 10:2 (2007), 321–337.

Friedrich Engels [1848], Manifest der kommunistischen Partei, 16)

Dagegen lesen wir bei N. Bolz (2010, 132 f.): „Die Würde des Menschen muss […] geleistet werden. Diese Leistung, bürgerliche Lebensführung, ist der Kernbestand realer Freiheit." Und: „Der Mensch findet zu seiner Identität, indem er *seinen Beruf ganz zu seiner Sache* macht und ihn mit Freiheit aushält; indem er also das, was er tut, richtig tut."

II.
Léon Walras (1874) in der Sichtweise von John R. Hicks (1939)

Die erste einfache Darstellung der viele Jahre nur beiläufig erwähnten Ideen der Allgemeinen Gleichgewichtstheorie von L. Walras (1874/1954) bot J.R. Hicks (1939). Sein Werk hatte erheblichen Einfluss auf die deutsche Lehrbuchliteratur sowohl zur „Mikroökonomik" als auch (später) zur „Makroökonomik", der heute so bezeichneten **„neoklassischen Synthese"**. Zwei Lehrbücher deutscher Autoren stachen nach der Währungsreform von 1948 hervor: Heinrich von Stackelberg mit seinen *Grundlagen der theoretischen Volkswirtschaftslehre*, Bern 1948 und Erich Schneider mit seiner *Einführung in die Wirtschaftstheorie, II. Teil,* Tübingen 1948. Ich kaufte mir beide Bücher. Stackelbergs Lehrbuch gefiel mir inhaltlich und stilistisch besser als Schneiders Opus, aber das Rennen machte Erich Schneider und sein Tübinger Verlag Mohr Siebeck. Als Assistent von Heinz Sauermann hielt ich wenig später eine Arbeitsgemeinschaft zu „Schneider Teil II". Das Problem waren unsere bescheidenen Kenntnisse auf dem Gebiet der Analysis; von Optimierung unter Nebenbedingungen, dem Zentralstück der Haushalts- und Unternehmenstheorie, hatten die meisten von uns keine blasse Ahnung. Wir lernten das und mehr erst in einer auf Veranlassung von meinem Lehrer Heinz Sauermann gestarteten mathematischen Arbeitsgemeinschaft unter Leitung des Privatdozenten für Mathematik Dr. Ewald Burger, an der außer unseren Chefs – Hans Möller und Heinz Sauermann und deren Assistenten – auch einige Mathematikstudenten teilnahmen, darunter der spätere Nobelpreisträger für Wirtschaftswissenschaften Reinhard Selten.[17]

Wir hielten tatsächlich das Werk von Walras – wie Joseph Schumpeter – für einen Meilenstein auf dem Weg zur Entwicklung der Wirtschaftswissenschaft zu einer exakten Wissenschaft.[18] Ernüchternd lasen wir dagegen vor einigen Jahren die Bemerkung des Walras-Übersetzers William Jaffé, dass „Walras, from the age of 19 on after he [...] first read Louise Pointsot's *Eléments de Statistique* (1842), [...] had thought to create a theory of economics with the same formal properties that characterized [Newton's] celestial mechanics."[19]

Mit anderen Worten, was wir heute *Mikroökonomik* nennen, besteht in der Anwendung des Konzepts von **Newton's Himmelsmechanik** auf Probleme der Wirtschaftstheorie. Sie galt lange Zeit als goldener Weg der Wirtschaftstheorie und wurde schließlich von **Edmond Malinvaud**[20] auch auf den Denkstil der Keynes'schen Makroökonomik als **„Ungleichgewichtstheorie"** angewendet – unter völliger Missachtung des für Keynes's *Allgemeine Theorie* zentralen Problems der Ungewissheit.

Mathematisch geht es in der Theorie von Walras um die Maximierung einer individuellen Zielfunktion (den Nutzen *U* oder den Gewinn *G*) der einzelnen Wirtschaftseinheiten (Haushalte

---

17 Vgl. Möller (2004).

18 Schumpeter (1955, 827). Dagegen F.A. Hayek (1979), The Counterrevolution of Science, Indianapolis: Liberty Press und N. Wiener (1964), *God and Golem, Inc.*, Cambridge, MA: MIT Press. – Für eine allgemeine Darstellung der Tendenz von Ökonomen zur Naturwissenschaft siehe Mirowski (1989).

19 D.A. Walker (Hg.) (1983), *William Jaffé's Essays on Walras*, Cambridge: Cambridge University Press.

20 E. Malinvaud (1977), *The Theory of Unemployment Reconsidered*, Oxford: Blackwell.

und Unternehmungen) bei vollständiger Voraussicht unter der Nebenbedingung (NB) des Einkommens *e* der einzelnen Haushalte bzw. des technischen Wissens π der einzelnen Unternehmungen. Was den Nutzen U der Einzelnen angeht, genügt es, wie V. Pareto (1927, Kap. III) gezeigt hat, mit ordinalem statt wie noch Walras mit kardinalem Nutzen zu rechnen – d. h. mit zweistelligen Relationen (Güterbündel A ist entweder „gleichwertig" oder „besser als" B) – was sich mithilfe von Indexzahlen ausdrücken lässt (Pareto: „Ophelimitäts-Indices"). Zur Mathematik vgl. Takayama (1974, Kap. 2).

Wir unterteilen nun die Gesellschaft in **Haushalte** und **Unternehmungen**. Was die Haushalte betrifft, verfügt jeder über ein gewisses Einkommen *e*. Es gibt (sagen wir) zwei Konsumgüter Nr. 1 und Nr. 2, für die der einzelne Haushalt sein ganzes Einkommen e ausgibt, sodass

$$e = p_1 x_1 + p_2 x_2$$

Wie viel kauft er von jedem Gut? Wir nehmen an, so viel, dass er seinen Nutzen U (x_1, x_2) maximiert, was fraglos eine stark vereinfachende, wenn nicht wirklichkeitsfremde Annahme ist. Anders ausgedrückt, der jeweilige **Haushalt** wählt also dasjenige Güterbündel (x_1, x_2) der Güter Nr. 1, Nr. 2, das seinen Nutzen maximiert – gegeben sein Einkommen – oder im mathematischen *Lingo* „unter der Nebenbedingung seines Einkommens *e*". Das mathematische Problem lautet dann:

$$\text{Max } U = U(x_1, x_2),$$
$$\text{NB } e = p_1 x_1 + p_2 x_2.$$

Die weitere Rechnung ergibt, dass sich im Nutzenmaximum des Haushalts die Grenznutzen der Güter wie ihre Preise verhalten:

$$\delta U/\delta x_2 : \delta U/\delta x_1 = p_2 : p_1$$ [21]

Für die **Unternehmung** lautet der mathematische Ansatz analog: Die Unternehmung maximiert ihren Gewinn unter der Nebenbedingung ihrer Produktionsfunktion π:

$$\text{Max } G = p_1 y_1 + p_2 y_2$$
$$\text{NB } \pi (y_1, y_2) = 0$$

Mit dem Resultat, dass sich im Gewinnmaximum die Grenzproduktivität der einzelnen Güter (der „Produktionsfaktoren“) Nr. 1 und Nr. 2 auch wie ihre Preise verhalten:

$$(\delta \pi / \delta y_1) / (\delta \pi / \delta y_2) = p_1 / p_2$$

Die Optimierungsüberlegung erlaubt uns also, auf die **relativen Preise** der beiden gehandelten Güter zu schließen. Im Allgemeinen Gleichgewicht sind (wenn es existiert) alle relativen Preise (d. h. die realen Austauschverhältnisse aller Güter) bekannt. Die Höhe der in Geldeinheiten ausgedrückten **absoluten Preise** (p_1, p_2) können wir bestimmen, wenn wir den in Geldeinheiten ausgedrückten Preis eines Gutes[22] exogen vorgeben. Da uns die Gleichgewichtswerte der relativen Preise bekannt sind, kennen wir auch alle übrigen, in Geldeinheiten ausge-

21 In Worten: „Die Grenznutzen der Güter verhalten sich wie ihre Preise.“
22 Bei Walras den Geldpreis des „*numéraire*“.

drückten Preise (dazu mehr weiter unten).[23] So weit der elementare Gedankengang der „Mikroökonomik".

Ohne Frage ist der Denkstil der Newton'schen Himmelsmechanik für Ökonomen sehr hilfreich, wenn auch nicht der „goldene Weg" der Ökonomik. Der Grund dafür ist beschämend einfach: Newtons Himmelsmechanik – die Marginalanalyse generell, die Grenzproduktivitätstheorie der Entlohnung insbesondere – setzt **vollkommene Voraussicht** voraus, und zwar „vollkommen" im Sinne der Vorhersehbarkeit aller relevanten stochastischen Variablen samt ihren statistischen Eigenschaften.[24] Aber eben gerade „vollkommene" Voraussicht hat der Ökonom nicht. Sie widerspräche dem typischen ökonomischen Problem, das **Frank Knight** in seinem Werk *„Risk, Uncertainty and Profit"* (1921) herausgestellt hat – dem **Problem unvorhersehbarer Ereignisse**. Keynes, der in Cambridge über Wahrscheinlichkeit promoviert hatte, greift genau das Problem auf. Er bemerkt dazu, „there is no scientific basis on which to form any calculable probability whatever. We simply do not know."[25]

Ökonomik ist im Unterschied zur Physik keine ‚*ergodische*' Wissenschaft.[26] Das spezifische Problem der Ökonomik – die Organisation einer Wirtschaft im Kleinen wie im Großen – besteht gerade darin, zu erklären, wie es der rationale Mensch schafft, mit den Ungewissheiten des Lebens in unserer nicht-er-

23 Ausführliche Darstellung vgl. Schumann (1992), Richter (1990).

24 Im Extrem von J.K. Arrow (1953) in seiner Zeit-Zustands-Theorie dargestellt.

25 Keynes (1937 [1973]), 114.

26 Wikipedia: „*Streng* ergodisch wird ein System dann genannt, wenn die Zeitmittel und Scharmittel mit der Wahrscheinlichkeit eins zum gleichen Ergebnis führen." Ich veranschauliche mir den Begriff damit, dass wir die stochastischen Variablen und deren Wahrscheinlichkeitsverteilungen nicht kennen. (Keynes 1937/1973, 114).

godischen Welt fertig zu werden. Es ist ein zentral **gesellschaftliches Problem**, auf das David Hume mit den oben zitierten Sätzen hingewiesen hat. Seine Lösung verlangt gesellschaftliche Verhaltensgrundsätze von der Art der drei Grundsätze des Naturrechts – und mehr noch: die Organisation sozialer Institutionen wie private und öffentliche Haushalte, Unternehmungen, Märkte und „gutes Benehmen" à la Burke (vgl. Richter 2016, 131–154). Wenn wir aber eine Volkswirtschaft als ein komplexes, anpassungsfähiges System verstehen und annehmen, dass es in der Lage ist, sich von selbst an neue, unvorhergesehene Ereignisse anzupassen, dann stören Interventionen einer Zentralstelle nur den gesellschaftlichen Anpassungsprozess. Insbesondere problematisch ist, dass der vermutete Anpassungsprozess an das neue Gleichgewicht (nach einer Störung) in der Regel weder sofort noch stetig abläuft, sondern verzögert und zyklisch. Im Deutschland der Jahre 1882 bis 1914 (als es noch keine Konjunkturpolitik gab) dauerte so ein Zyklus ungefähr sechs Jahre.[27]

Für den Ausbruch der internationalen Finanzkrise von 2008/09 gibt es unterschiedliche Erklärungen. Ich folge der Erklärung von Wallison (2009), die der Eucken'schen Sichtweise nahekommt.

Wallison[28] sieht die Ursache der Finanzkrise in der *affordable housing policy* der US-Regierung. Im Kern handelte es sich dabei um eine, den Staat scheinbar nichts kostende Sozial-

---

27 Als in Deutschland der Goldstandard galt, d.h. keine Politik zur Stabilisierung der Währung praktiziert wurde! Ein Zyklus dauerte in den USA, Großbritannien, Frankreich und Deutschland zusammen durchschnittlich ungefähr fünf Jahre, siehe Burns und Mitchell (1947, 79, Tafel 16).

28 Wallison (2015). Vgl. dagegen Wallison (2009).

politik der US-Regierung, und zwar durch *Aufweichung des Grundsatzes* ***der persönlichen Haftung*** (durch eine Form des „soft budgeting"). Für die Funktionstüchtigkeit des Kapitalismus sind jedoch alle drei Grundsätze des Naturrechts von Bedeutung. Wird auch nur einer von ihnen verletzt, kollabiert der Kapitalismus wie ein Kartenhaus. Dass ausgerechnet die USA, die zuvor jahrelang den Kommunismus mit großen Opfern an Blut und Geld bekämpft haben, einen der Stützpfeiler des Kapitalismus sabotierten, illustriert, auf was für klapprigen Füßen unser Wohlstand steht. Hinzu kommt, dass wegen der nahezu vollständigen Freigabe des internationalen Kapitalverkehrs die amerikanische (für die USA) sozialpolitisch begründete Aufweichung der Voraussetzungen für die Hypothekenvergabe weltweite Folgen hatte. Ben Bernanke, damaliger Präsident des Federal Reserve System, zögerte nicht, der Kritik von Milton Friedman und Anna Schwartz (1963) an der restriktiven Geldpolitik der Fed während der Weltwirtschaftskrise zu folgen. Er „öffnete die Schleusen" der Fed, obgleich 2007 eine andere internationale Währungsordnung bestand als 1929. Gold war jetzt kein Währungsmetall mehr.[29] Vielmehr herrschte ein **internationaler Papierstandard** mit dem **US-Dollar als Leitwährung,**[30] – der allerdings nicht den frühen Ideen von Knut

29 Bernanke half sich mit der von ihm so bezeichneten Politik des „*quantitative easing*". Er pumpte Zentralbankgeld in einem ihm geeignet erscheinenden Volumen in die Wirtschaft, indem er einfach Wertpapiere von den Geschäftsbanken aufkaufte. Das machte weitestgehend Schule, auch für die EZB. Es ist klar, dass solch eine Politik die üblichen Instrumente der **Kapitalmarktsteuerung lahmlegt** – was ganz im Sinne von Keynesianern wie Minsky (1996) ist. Nicht mehr die Kapitalisten mit ihren Eigenmitteln, sondern der Staat mit seinen Staatsschuldtiteln wettet jetzt auf Erfolg oder Misserfolg der Anlagen.

30 Thomas Fuster, „Mit dem Dollar leben lernen", in: NZZ, 17.12.2018.

Wicksell (1898) entsprach, welcher an geeignete internationale Vereinbarungen dachte.[31]

Während im internationalen Goldstandard die Goldproduktion die Kaufkraft des Geldes beeinflusste, tut das jetzt die Notenpresse der USA. Die (nahe) Nullzinspolitik der Fed schlägt deshalb voll auf alle Länder ohne Kapitalverkehrskontrollen durch – darunter diejenigen der Eurozone. Der Geldmarktzins fällt als Steuerungsinstrument nationaler Geldpolitik aus – auch in den Staaten der Eurozone. Mario Draghi durchschaute das sofort und schwenkte nach seiner Ernennung zum Präsidenten der Europäischen Zentralbank voll auf die amerikanische Geldpolitik ein. Am 26. Juli 2012 äußerte er vor der Presse den berühmten Satz: **„Within our mandate, the ECB is ready to do whatever it takes to preserve the euro. And believe me, it will be enough.“**[32]

Die sozialen Konsequenzen dieser Politik waren für die Euromitglieder die gleichen wie für die USA. Für die USA war Bernankes Politik eine gute Antwort, für die Deutschen dagegen absolut nicht, und zwar wegen ihrer sehr anderen Spar- und Anlagegewohnheiten.[33] Die Frage stellt sich, warum unsere auf

---

31 Knut Wicksell (1898), *Geldzins und Güterpreise*, Jena, 177–179: „[…] der Regulator der Warenpreise würde dann erst recht der Bankzins sein, indem er nicht mehr wie heute durch die Zufälligkeiten der Edelmetallproduktion und -konsumtion […] eingeengt wäre, sondern in durchaus freier, nur durch das Zielbewusstsein der Geldanstalten vorgeschriebener Weise sich bewegen würde.“ Wicksell übersah dabei das Problem staatlicher Währungsinterventionen. Vgl. dazu Blanchards Argument für Kapitalverkehrskontrollen unter https://blog.tagesanzeiger.ch/nevermindthemarkets/index.php/40311/kapitalverkehrskontrollen-taugen-mehr-als-kooperation/, 1.6.2020.

32 Hervorhebung durch den Verf. Vgl. im Übrigen R. Richter (2017c).

33 Wenn auch immer noch besser als der völlige Verlust ihrer Bankeinlagen, die in Deutschland nicht so wie in den USA vom Staat garantiert werden.

soziale Wohlfahrt bedachte Regierung ihre Bürger nicht rechtzeitig auf die sehr anderen Verhältnisse in einer Welt des **internationalen Papierstandards** mit **flexiblen Wechselkursen** und **freiem internationalen Kapitalverkehr** hingewiesen hatte. Man hätte sie zumindest rechtzeitig zu einer Änderung ihrer Anlagegewohnheiten bewegen können, auch wenn das wegen der starken **Pfadabhängigkeit**[34] **deutscher Spargewohnheiten** keine einfache Sache gewesen wäre.

Im Effekt legte Bernanke mit seiner Geldpolitik den (privaten) Kapitalmarkt lahm – ganz im Sinne von Minsky (1986, 173), der für eine Politik des **„Big Government"** plädierte, um so Störungen durch Finanzspekulationen zu vermeiden. Minsky behauptet: „[B]ig Government capitalism is more stable than small government capitalism: this is shown by both the experience of the past century and by an economic theory that allows for financial institutions. This greater stability is because of the impact of government deficits as a contra cyclical phenomenon in stabilizing profits." (Minsky 1986, 292)

34 North (2005), 21.

III.
Anwendung der Theorie eines Allgemeinen Konkurrenzgleichgewichts: Walter Eucken als Beispiel

Einer der deutschen Volkswirte, die den Ideen von David Hume und Adam Smith folgten, war **Walter Eucken**. Die erwähnten **drei Grundsätze des Naturrechts** spielen deshalb in seinem Werk *Grundsätze der Wirtschaftspolitik* (Tübingen 1952, 254–291) eine wichtige Rolle. Eucken verlangt vom Staat die Realisierung einer Wirtschaftsordnung (254 f.), die sowohl den drei Grundsätzen des Naturrechts als auch drei weiteren Grundsätzen genügt: **offene Märkte** (264), **Stabilisierung des Geldwertes** (257)[35] und **Konstanz der Wirtschaftspolitik** (285). Zusammen sind das die von Walter Eucken so bezeichneten **sechs konstituierenden Prinzipien** der *Ordnungspolitik* (oder Ordnungstheorie). Sie sind als Einheit zu verstehen. Isolierte Anwendung der konstituierenden Prinzipien würde ihren Zweck völlig verfehlen (290). Privateigentum an den Produktionsmitteln zu verlangen, steht allerdings im Widerspruch zur Beschränkung der Haftung (291). Das ist ein heikler Widerspruch, denn ohne Haftungsbeschränkung gäbe es keine Aktiengesellschaften und damit keine privat finanzierten, das Risiko streuenden, Arbeitsplätze schaffenden Großinvestitionen. Das letzte Wort hat allerdings immer der Gesetzgeber, dessen Entscheidungen wirtschaftlich gut oder schlecht sein können; die Finanzkrise von 2008 ist ein typisches Beispiel für eine, aus deutscher Sicht,

---

35 Tatsächlich trat er für die Idee der Warenreservewährung ein (261) und war gegen Geldpolitik im heutigen Sinne.

sozialpolitisch schlechte Entscheidung. Wir kommen sogleich darauf zurück.

Eucken war überzeugt, dass der Konkurrenz-Preismechanismus (die Preiskonkurrenz) das komplex-adaptive Problem der individuellen Plankoordination einer Volkswirtschaft „von selbst" löst, wenn sie nur den oben beschriebenen sechs konstituierenden Grundsätzen genügt. Sie sei nach einer Störung in der Lage, sich „von selbst" einem **Allgemeinen Gleichgewicht** (dem Ziel der Vollbeschäftigung) zu nähern.[36] Das geht nach aller Erfahrung (und theoretischer Überlegung) nicht ohne Schwankungen ab, weshalb **Konjunkturschwankungen** nach dem Stand unseres Wissens unvermeidbar sind. Massive Störungen vom Typ der Finanzkrise von 2007/08 sind jedoch für Eucken eine Folge ordnungswidriger Eingriffe des Staates – was im vorliegenden Falle offensichtlich zutrifft (s. o.).[37] Wird jetzt konjunkturpolitisch eingegriffen, dann wird nur die weitere Steuerung durch den Preismechanismus gestört, einen Mechanismus, auf den ansonsten selbst die überzeugtesten Konjunkturpolitiker vertrauen – es sei denn, sie ziehen eine sozialistische Planwirtschaft vor. Tatsächlich spielte das Ziel einer zentral gelenkten Wirtschaft vor 1990 eine ähnliche Rolle in der Debatte, wie heute das der Umweltökonomik. Zu ihren prominentesten Gegnern gehörten F.A. Hayek (1944), der den Planwirtschaftlern eine **„Anmaßung von Wissen"** vorwarf (Hayek 1996). Er sah klar, dass sich Ökonomik mit den materiellen Interessen der Einzelnen und ihrer inneren Dynamik befasst – einem Problem **komplex dynamischer Anpassungsfähigkeit**, das sich allenfalls durch geeignete **computergestützte**

36 Vgl. Richter (2017b).

37 Wallison (2009), Wallison (2015).

Rechenbeispiele illustrieren lässt oder durch **historische Erfahrungen** begründet werden kann, nicht aber durch Lösungen ökonometrisch gestützter dynamischer Modelle. Letztlich haben wir keinen handfesten Beweis für die Widerspruchsfreiheit und Stabilität einer Wirtschaft.[38]

38 Kirman (2016).

IV. Der Wirtschaftskreislauf

Wer das Prinzip der doppelten Buchführung kennt, dem ist es leicht, die Idee des Wirtschaftskreislaufs zu erklären: Man kann ihn dann einfach als Darstellung der Wirtschaft eines Landes nach den Grundsätzen der „Doppik" beschreiben, wobei in der Makroökonomik (= *aggregate economics*) alle Haushalte einer Volkswirtschaft zum **„Sektor Haushalte"** und alle Unternehmungen zum **„Sektor Unternehmungen"** zusammengefasst („aggregiert") werden. Der Sektor Unternehmungen liefere dem Sektor Haushalte **Konsumgüter C** mit **C** = 820 €. In der Terminologie der Doppik ist das eine Sollbuchung auf dem Konto „Unternehmungen" und eine Habenbuchung auf dem Konto „Haushalte"; der entsprechende Buchungssatz lautet **„von Haushalten an Unternehmungen"**.[39] Grafisch kann der Buchungssatz durch einen Pfeil vom Sektor Haushalte zum Sektor Unternehmungen dargestellt werden (Abb. 1 siehe Anhang)

Einen solchen Buchungssatz, der eine Buchung auf die Konten zweier verschiedener Sektoren bezeichnet, nennt man in diesem Zusammenhang eine **ökonomische Transaktion**. Als Eselsbrücke kann man sich merken, dass die Pfeilrichtung des Buchungssatzes in die fiktive Zahlungsrichtung geht; hier also **C** = 820. Die Kästchen H_1, U_1 bezeichnen die „laufenden Konten" der Sektoren **„Haushalte"** und **„Unternehmungen"**. Die Haushalte beziehen aber auch ein Einkommen **F** = 900. Wenn sie 820 für Konsumgüter ausgeben, sparen sie $\mathbf{S_H}$ = 80. Wir verbuchen das auf dem konsolidierten „Vermögensveränderungs-

39 Richter (1973), 26.

konto“ **V** der Haushalte und Unternehmungen. Wir nehmen an, dass die Haushalte 80 bei den Unternehmungen anlegen, die ihrerseits I = 100 investieren, wovon sie $\mathbf{S_U}$ = 20 aus ihren Verkaufserlösen selbst bezahlen.

Abb. 2[40] (siehe Anhang)

Da dieses Bild den Kreislauf der ökonomischen Transaktionen einer Periode zeigt, nenne ich es **„Kreislaufschema“** [R. Richter (1982, 26 f.)].

Fügen wir den Sektor „Staat“ (St) hinzu, der Einnahmen aus Steuern **T** und Ausgaben für Güterkäufe bei Unternehmungen **G** hat, dann sind seine Ersparnisse („Budgetüberschüsse) gleich $T - G = S_{St}$. Fügen wir ferner den Sektor „Ausland“ **A** ein mit den Transaktionen „Exporte“ **Ex** und „Importe“ **Im**, dann wird das elementare Kreislaufschema ergänzt zu:

Abb. 3[41] (siehe Anhang)

Der **Zahlungsbilanzsaldo** ist in dem Falle $S_A = Ex - Im = I - S_{St} - S_H - S_U$. Sei $I = 10$, $S_{St} = 2$, $S_H = -5$, $S_U = 2$, dann ist $S_A = 10 - 2 + 5 - 2 =$ **11**.

Der Zahlungsbilanzsaldo ist positiv, wir exportieren mehr als wir importieren. Mit anderen Worten, wir bauen unsere Schulden gegenüber dem Ausland um 11 ab.

Der Zahlungsbilanzsaldo S_A ist jedoch negativ (= Zahlungsbilanzdefizit), wenn zum Beispiel $I = 0$, $S_{St} = -5$, $S_H = -2$, $S_U = -2$, sodass $S_A = 0 + 5 + 2 + 2 = 9$.

40 Entlehnt ebd., 27.

41 Entlehnt ebd., 31.

In dem Falle nehmen unsere Schulden gegenüber dem Ausland um 9 zu. Das ist ein Ergebnis der sog. **Saldenmechanik** (Stützel 2011). Was für Staaten gilt, gilt auch für die Einzelnen. Erfahrungsgemäß sind weder die individuellen noch alle einzelstaatlichen Zahlungsbilanzen ausgeglichen. Kredite werden von Privaten wie von Staaten vergeben und aufgenommen. Was jeweils geschieht, hängt von den Präferenzen der Einzelnen oder ihrer Gemeinschaften ab. Wichtig zu sehen ist, dass aus dem wirtschaftlichen Kreislaufzusammenhang *nur* auf die zugrundeliegende (rechnerische) „Saldenmechanik" geschlossen werden kann, nicht aber auf ihre Ursachen und Wirkungen. Mit anderen Worten, den Deutschen vorzuwerfen, sie sparten zu viel im Vergleich zum Rest der Welt, ist eine genauso leere Aussage, wie dem Rest der Welt vorzuhalten, er solle aufhören über seine Verhältnisse zu leben. Auch wenn der Wirtschaftskreislauf eine wichtige Rolle in unseren Erklärungsversuchen spielt, ist er für eine Ursachenerklärung nicht hinreichend. Wir brauchen dafür erklärende „Wenn – dann"-Hypothesen. Keynes half sich in seiner „*General Theory*" auf einfache Weise: Er führte die Hypothese einer linearen Konsumfunktion ein

$$C = a + cY,$$

wobei c (die marginale Konsumquote) zwischen 0 und 1 liegt. Bei Annahme konstanter Preise gilt

$$Y = I + C \text{ oder } Y = I + a + cY \text{ (mit } 0 < c < 1\text{).}$$

Nach Y gelöst ergibt

$$qY = (I + a) / (1 - c),$$

nach I (autonomen Investitionen z. B. des Staates) differenziert führt zu

$$\delta Y/\delta I = 1/(1 - c) > 1,$$

dem **„Investitionsmultiplikator"**, das Ergebnis der berühmten **Multiplikatortheorie.** Der „Investitionsmultiplikator" der unter den Annahmen des Modells der **„Makroökonomik"** (Richter, Schlieper, Friedmann 1981) größer als 1 ist, galt lange Zeit als die Wunderwaffe der Keynesianer gegen Arbeitslosigkeit. Sie funktioniert allerdings nur beim Bestehen hinreichend freier Kapazitäten. Im Falle z. B. des Wiederaufbaus der ausgebombten deutschen Wirtschaft nach dem Kriege (1948 ff.) oder der Wiedervereinigung von Ost- und Westdeutschland 1990 ff. hätte sie zu nichts anderem als zur Inflation geführt. Aber was den Studenten an ihren Universitäten eingebläut wird, sitzt lange und tief.[42] Über die im nächsten Abschnitt behandelte Einsicht „Angebot und Nachfrage bestimmen den Preis" kann sich kein Staat durch „Deficit Spending" hinwegsetzen. Aber Gesetzgeber sind nun einmal gewöhnt, Transaktionen von Eigentumsrechten **anzuordnen**, d. h. private Eigentumsrechte per Gesetz wegzunehmen (Steuern) oder zuzuteilen (Transferzahlungen) – nicht durch **Tausch**. Das ist der gerne vergessene Wesensunterschied zwischen „Politik" und „Wirtschaft". Die Meinungsmacher der Politik leben in ihrer eigenen Welt (die leider noch

42 Die Auffassung sitzt tief in der öffentlichen Debatte, leider auch im *Economist*, wie die Buchbesprechung von A. Turner (2015) zeigt (*The Economist*, 12.11.2015, 75: „Fresh Thoughts").

nicht einmal ihre Wähler immer verstehen). Für sie gibt es keine „Objektivität“ und keine **rekurrierten** „Fakten“, sondern gegebenenfalls nur „Interpretationen“ (Nietzsche) oder **„Wahrnehmungsfenster“** gesellschaftlicher Themen (Joseph P. Overton).

Das gängige makroökonomische Modell kommt diesem Denkstil entgegen. Es kennt weder Märkte noch einen Preismechanismus. (Güter-)Preise, Löhne, Zinsen bleiben unerwähnt bzw. sind konstant, die Investitionen I werden exogen vorgegeben, die Konsumausgaben C von der Höhe des Volkseinkommens bestimmt [$C = (\mathrm{Y}) = a + bY$]. Nicht die Preise p, Löhne w oder Zinsen i steuern die Verbrauchs- und Produktionspläne der aggregiert Einzelnen, sondern das Volkseinkommen Y. An Stelle der Preise p ist hier das Volkseinkommen Y als Steuerungsgröße des Modells getreten. Mathematisch ausgedrückt liegt dem elementaren Makromodell die folgende Gleichung zugrunde:

$$Y = C(Y) + I + G,$$

oder (die Konsumfunktion eingesetzt):

$$Y = a + bY + I + G,$$

nach Y gelöst ergibt

$$Y = (a + I + G) / (1 - b).$$

Produziert werden kann dann allein mithilfe eines bestimmten Arbeitseinsatzes N (variabel) und Kapitaleinsatzes K (konstant), beschrieben durch die gesamtwirtschaftliche Produktionsfunktion

$$Y = \Phi (N, K),$$

(ohne Erwähnung von Preisen, Löhnen, Zinsen) die Gütermenge Y. Das Produktionsvolumen Y steht hier einfach in fester Beziehung zum Einsatz von Arbeit N und Kapital K. Mit anderen Worten: Die Standardform des Makromodells beschreibt eine Wirtschaft ohne Marktmechanismus und ohne Wirtschaftlichkeitsrechnung der Einzelnen (ohne Kalkulation der Kosten von Arbeitseinsatz, Kapitalbeschaffung und ohne Güterpreise). Die Güterpreise spielen nur eine Rolle bei der Definition von Preisstabilität im Sinne von „Kaufkraftstabilität" oder – heute – **„Inflation Targeting"** (Bernanke, Laubach, Mishkin, Posen 1999).

Der Gleichgewichtswert von Y (der Zielgröße des Modells) verlangt nicht bestimmte Löhne, Preise, Zinsen, sondern einen irgendwie bestimmten Arbeits- und Kapitaleinsatz. Vollbeschäftigung ist dann erreicht, wenn $N = N_{\text{voll}}$. In dem Fall ist $Y = Y_{voll}$. Wie man unmittelbar sieht, kann hier also eine Regierung durch Wahl eines bestimmten Wertes ihrer Staatsausgaben G das Ziel Vollbeschäftigung verwirklichen. Mit anderen Worten, sie ist in der Lage, ihren Wählern Vollbeschäftigung zu garantieren. Sie muss dafür nur an der ‚*G-Schraube*' drehen – was hier auf *Deficit Spending* hinausläuft – und sich nicht wie die Deutschen bemühen, permanent ihren Haushalt auszugleichen. So jedenfalls die übliche Kritik des *Economist* an der deutschen Wirtschaftspolitik. Aber warum hatten wir ein „Wirtschaftswunder"? Warum konnte ich 1949 in Frankfurt am Main im Lokal für normale Preise anständig essen, während ich im selben Jahr in London für normale Preise nur das Dörrgemüse aus Kriegszeiten vorgesetzt bekam? Um mich endlich einmal in London richtig satt zu essen, musste ich ein teures französisches Restaurant aufsuchen.

Nach dem einfachsten Makromodell – das Modell der neoklassischen Synthese mit starren Preisen, Löhnen, Zinsen – kann Vollbeschäftigung allein durch Wahl eines bestimmten Niveaus der Staatsausgaben *G* gesichert werden. Preise, Löhne, Zinsen spielen keine Rolle mehr – weshalb die Zentralbank getrost „Nullzinsen" festsetzen kann. Was die Güterpreise betrifft, sitzt nur noch die Gefahr einer „Deflationsspirale" im Gedächtnis, weshalb – um ganz sicher zu gehen – der Zentralbank vorgeschrieben wird, statt einer Inflationsrate von 0 %, eine von mindestens 2 % anzuvisieren.[43]

Resultat: Das Wirtschaftsleben läuft (leicht übertrieben) im Makromodell wie das Wasser durch ein Rohrleitungssystem. Es gibt Rückstaubecken und Ventile, die von mehr oder weniger klugen Politikern und Beamten bedient werden. Der Finanzminister bzw. Zentralbankpräsident übernimmt dabei die Aufgaben privater Anleger – und spielt Anlagespekulanten. Insofern lag J.M. Keynes im Sinne der Umweltaktivisten richtig, als er schrieb (Keynes 1936, 164): „I expect the State, which is in a position to calculate the marginal efficiency of capital goods on long views and on the basis of the general social advantage, taking an ever-greater responsibility for directly organising investment […]."

43 **„Preisstabilität"** definiert die EZB" als mindestens 2 % Inflation, eine Bedingung, die allerdings dem **nominalistischen Prinzip** widerspricht, das unser Steuerrecht durchzieht.

Der hier beschriebene Denkstil des „Keynes-Modells“ spielte in den Jahren zwischen ca. 1950 und heute eine große Rolle. Beispiele dazu liefert B. Appelbaum (2019, Part I) – allerdings mit dem Ziel, das Konzept der Marktwirtschaft zu kritisieren – wenn auch am falschen Beispiel, denn in der Makroökonomik spielen Preise als Steuerungsgröße keine Rolle mehr.

V.
Die Preisbildung auf dem Markt für ein Gut

Preis, Geld, Einkommen, Profit, Zins, Lohn, Miete, Pacht, u. a. m. sind Begriffe sowohl von moralischer als auch von allokativer Bedeutung: „Moralisch" ist die Idee vom „gerechten Preis" (Aristoteles), von allokativer Bedeutung hingegen die Idee des „Wettbewerbspreises" – der Bildung freier Marktpreise auf offenen Märkten (David Hume, Adam Smith). Beide Aspekte sind für den Wirtschaftstheoretiker von Bedeutung, wenn auch für einen nicht unerheblichen Teil der Fachwelt die allokative Bedeutung obsiegt, moralisch gestützt vom Konzept der **Pareto-Optimalität** – einer notwendigen Bedingung für ein **soziales Optimum**, in dem die soziale Wohlfahrt (ein Sozialer Wohlfahrtsindex) unter den gegebenen Nebenbedingungen maximiert wird (K.J. Arrow, *Social Choice and individual Values*, New York/London 1951; Lehrbuchdarstellung z. B. in R. Richter (1963, 139–145).[44] Der Darstellung liegt vollständige Voraussicht und die bei uns vorherrschende **subjektive Wertlehre** zugrunde (Menger 1871): Davon ausgehend, dass die Haushalte ihren Nutzen maximieren unter der Nebenbedingung ihrer Erstausstattung mit Gütern und ihrem Einkommen e aus ih-

44 *Erster Hauptsatz der Wohlfahrtsökonomik*: Jedes dem ‚Walrasmodell' entspechende **totale Konkurrenzgleichgewicht** ist pareto-optimal. *Zweiter Hauptsatz der Wohlfahrtsökonomik:* Jedes den Bedingungen des ‚Walrasmodells' genügende Pareto-Optimum kann durch geeignete Umverteilung der Erstausstattungen und Gewinnanteile der Haushalte zu einem **totalen Konkurrenzgleichgewicht** ergänzt werden (vgl. Richter 1963, 139, 145).

ren Gewinnanteilen an den ihnen (mit-)gehörenden Unternehmungen – und die Unternehmungen ihren Gewinn maximieren unter der Nebenbedingung ihres „technischen Wissens" (ihrer Produktionsfunktion), erhalten wir die einzelwirtschaftlichen Angebots- und Nachfragefunktionen eines jeden Gutes,[45] die addiert die jeweiligen gesamtwirtschaftlichen Angebots- oder Nachfragefunktion der verschiedenen Güter (z. B. „Weizen") ergeben (vgl. Abb. 4).

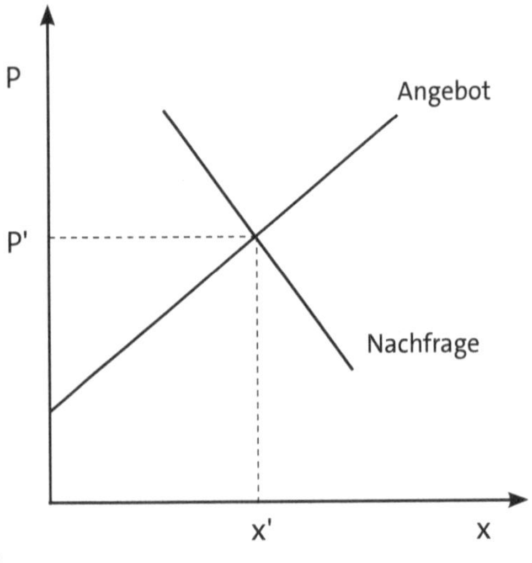

Abb. 4

Die Angebotskurve eines produzierten Gutes – z. B. Weizen – verläuft umso höher und/oder steiler, je geringer die Produktivität der Weizenproduktion ist (je mehr Ressourcen – Boden und Arbeit – zur Produktion eines Zentners Weizen einzuset-

45 Sie sind die Summen der einzelwirtschaftlichen Angebots-und Nachfragefunktionen (vgl. Richter 1963, 122 f.).

zen sind). Bei gegebener Nachfragekurve bedeutet das: Der Marktpreis für Weizen ist umso höher, je geringer die Produktivität des Weizenanbaus ist. Das war das so bezeichnete „strukturelle Problem", das nicht in den Makrodenkstil hineinpasst und in ostdeutschen Betrieben nach der Wiedervereinigung (bei griechischen Unternehmungen nach Einführung des Euro) auftrat: Plötzlich standen die Produzenten mit dem Weltmarkt auf Augenhöhe. Sie mussten auf Anhieb in der Lage sein, zu Weltmarktpreisen zu liefern – was sie aus „strukturellen" Gründen nicht konnten. Eine einfache Sache, die den westdeutschen Politikern vor und kurz nach der Wiedervereinigung so wenig klar war, wie Jacques Delors vor und kurz nach Einführung des Euro[46] – es sei denn, sie kannten das Problem und hofften auf

46 Zu diesem Thema bemerkte ich (Richter 2016, 547): „Deutsche Zurückhaltung in dieser Angelegenheit ist, angesichts unserer Wiedervereinigungs-Erfahrungen, schwer zu verstehen. Die Ostdeutschen waren traumatisiert von den Auswirkungen ihres vergleichsweise niedrigen Produktivitätsniveaus auf ihre Konkurrenzfähigkeit am Weltmarkt. Sie mussten viel Geduld und Verständnis aufbringen, um den für sie unerwartet hohen Preis ihrer Freiheit zu schlucken – und die Westdeutschen mussten Verständnis dafür aufbringen, die Kosten für die hohen West-Ost Transfers zu tragen. Man kann kaum das gleiche Maß an Geduld erwarten unter den leidenden Griechen und den ‚happily paying' Nordeuropäern. Und man kann auch nicht erwarten, dass EU Mitgliedstaaten, wie Rumänien oder Bulgarien, die nicht zur Eurozone gehören, stillschweigend zuschauen werden, wenn ihre südlichen Nachbarn von der Europäischen Union eine Sonderbehandlung bekommen. Es ist leider eine traurige Tatsache, dass die Maastricht Kriterien das Problem unterschiedlicher internationaler Wettbewerbsfähigkeiten der Mitgliedstaaten nicht beachteten, obgleich das Problem im Zuge der deutsch-deutschen Wiedervereinigung offen zu Tage trat und allgemein bekannt war.
Erstaunlicherweise wurde es noch nicht einmal in Deutschland offen diskutiert." (Übersetzung aus dem Englischen vom Verfasser).

die „selbstheilende Wirkung" des von ihnen in Gang gesetzten politischen Prozesses.

Bislang betrachteten wir den **einperiodigen Fall** der Theorie des Allgemeinen Konkurrenzgleichgewichts. Der Übergang zur **mehrperiodigen Theorie des Allgemeinen Gleichgewichts** ist einfach, denn beide Theorien sind formal äquivalent. Die zeitliche Dimension kann deshalb einfach in der Gutsdefinition mitberücksichtigt werden: Weizen verfügbar heute und Weizen verfügbar morgen (oder zu irgendeinem anderen Zeitpunkt) sind zwei verschiedene Güter (vgl. z. B. Hirshleifer 1970, 154 oder Richter 1990, 32). Ich erkläre daselbst wie folgt weiter:

> „Nach unserer Terminologie ist x_{ii} die Verbrauchsmenge des Gutes i (i = 1, …, n) in der Periode *t* (*t* = 1, …, T). Ein Verbrauchsplan ist ein Vektor mit $n \bullet T$ Elementen. Die Umwandlung des einperiodigen Allokationsmodells in ein mehrperiodiges besteht darin, das n-dimensionale Modell in ein $n \bullet T$-dimensionales umzuschreiben – eine triviale Substitution, weil *n* und *T* beliebige Zahlen sein können. Entsprechendes gilt für die Indizierung der Preise: p_{it} ist der Preis des Gutes *i,* verfügbar in Periode *t,* der heute (in Periode 1) gezahlt wird. Dabei ist „Periode" immer als *Zeitpunkt* am ‚Anfang der Periode' zu verstehen."

Betrachten wir als Beispiel ein Sachdarlehen vom Typ: Ich zahle Dir morgen (***xt+1*** dz[47]) „Weizen verfügbar morgen", wenn Du mir dafür heute (x_t dz) „Weizen verfügbar heute" gibst. Das Austauschverhältnis lautet als Zahlenbeispiel etwa

47 dz = Doppelzentner.

$$[1{,}2 \text{ dz Weizen verfügbar morgen} / 1 \text{ dz Weizen verfügbar heute}].$$

Der Zahlenwert 1,2 des Austauschverhältnisses kann auch geschrieben werden als Summe

$$1 + 0{,}2$$

oder

$$1 + \rho_1.$$

Der Darlehensnehmer hat sich also verpflichtet, morgen dem Darlehensgeber 20 % mehr Weizen zurückzugeben, als er sich heute bei ihm ausgeliehen hat. Der Realzins oder „Eigenzins" des Weizens $\rho_1 = 20\,\%$ entspricht den Opportunitätskosten des Darlehensgebers. Im Walras-System ergibt er sich als Teil der Gleichgewichtswerte der realen Austauschverhältnisse. Wie man auch ohne Mathematik versteht, ist im Optimum der Gleichgewichtswert der Opportunitätskosten (und damit der Realzinsen) gleich Null. Der Kapitalstock hat sein Sättigungsniveau erreicht (Richter 1990, 49). Es dürfte einleuchten, dass die gegenwärtige Nullzinspolitik der Notenbank nicht bedeutet, dass der Kapitalstock der Industrieländer sein Sättigungsniveau erreicht hat.

Erstaunlicherweise haben sich unsere führenden Geldtheoretiker vom Kaliber Ben Bernankes ohne Umstände von der oben angedeuteten Zinstheorie von Irving Fisher verabschiedet, um der Knight'schen Ungewissheit der Finanzmärkte zu entgehen – wodurch? Durch Verlagerung der Investitionsentscheidungen in die Hände von Leuten, die nicht mehr ihr eigenes Geld (wie private Anleger) verwetten, sondern das mit Rechtszwang eingetriebene Geld der Steuerzahler. Da sie nicht Teil des sich selbst steuernden Wirtschaftssystems sind, werden sie weder durch die Marktergebnisse (Vermögensgewinne/ Vermögensverluste) belohnt oder bestraft, sondern durch die Wahlergebnisse – ein ganz anderer Steuerungsmechanismus als der der Marktwirtschaft (vgl. Schumpeter 1950, Kap. 22). Was wir hier beobachten sind Analogien zum „Chinesischen Kapitalismus", eine Form des „Wegs zur Knechtschaft", die zu Hayeks Lebzeiten noch unbekannt war.[48]

48 Vgl. Richter (2015), Kap. 2.

VI.
Das Wesen des Geldes[49]

Geld wird entweder durch stillschweigendes Übereinkommen oder auf Anordnung des Staates als **allgemeine Rechnungseinheit, Zahlungsmittel und Wertaufbewahrungsmittel** verwendet. Durch stillschweigendes Übereinkommen im wörtlichen Sinne wurden zum Beispiel in Westdeutschland in den ersten Jahren der Besatzungszeit (im Mai 1945 ff.) amerikanische Zigaretten als allgemeine Rechnungseinheit benutzt. Damals gab es wochenlang kein Radio, keine Zeitungen und natürlich kein Internet – dennoch wussten alle „sofort", dass eine amerikanische Zigarette (eine „*Ami*" wie eine Lucky Strike, Chesterfield oder Camel) den Geldwert von 5 (alten) **Reichsmark** (plus/minus) hatte, die noch weiter als allgemeines Zahlungsmittel benutzt wurden. Das ist eine Erscheinung, die nicht in den mechanistischen Denkstil der eben beschriebenen Mikroökonomik – des Walras-Systems – hineinpasst. Wir sehen: Geldtheorie fällt aus dem mechanistischen Denkstil der Mikroökonomik heraus. Sie ist ihrem Wesen nach eine Frühform der Institutionenökonomik.

Sicherung der Kaufkraft des Geldes im Walras-System:
Im Allgemeinen Konkurrenzgleichgewicht einer Papiergeldwirtschaft kann die Kaufkraft des Geldes durch geeignete Fixierung der Zentralbankgeldmenge M bestimmt werden. Da die Einzelnen aus Transaktionsgründen Kasse halten, kann die Zentralbank auf M im Wege ihrer Zinspolitik Einfluss nehmen.

49 In Anlehnung an Richter (1990), Kap. 4.

Eine Verdoppelung von M bewirkt eine Verdoppelung der nominellen Güterpreise.[50] Das trifft allerdings nur zu, wenn alle Güterpreise auch Konkurrenzpreise sind. In einer modernen kapitalistischen Wirtschaft gilt das jedoch für den Preis der Arbeit – den Geldlohnsatz – nicht. Er ist das Ergebnis bilateraler Verhandlungen zwischen Organisationen von Arbeitgebern- und Arbeitnehmern. Die vereinbarten Geldlöhne können in dem Falle die Funktion von **Leitpreisen** oder **Haltepflöcken**[51] des Währungssystems übernehmen.

Die Kaufkraft des Geldes wird dann durch die Lohnpolitik der Gewerkschaften und Unternehmungen bestimmt, d. h. die Kaufkraft des Papiergeldes genügt den Regeln eines **„Labour Standard“**.[52] Die Existenz von „Haltepflöcken“ oder „Leitpreisen“ erklärt vielleicht, warum Mario Draghis „Zwangsfütterung“ mit Euros (sein ‚*quantitative easing*‘) nicht so wirkte wie es Ökonomen „in der Schule lernen“.[53]

---

50 Don Patinkin (1965), *Money, Interest, and Prices*, New York: Harper & Row, 391.

51 W. Stützel (1983), 34.

52 Don Patinkin (1955), „Economic Foundation of Wage Policy“, in: *The Economic Journal* 65, 391. W. Stützel (1983, 35) schreibt diesen besonderen Preisen die Funktion von **„Leitpreisen“** zu. Sie dienten als **„Haltepflöcke“** einer reinen Papierwährung (34).

53 Die Existenz von Leitpreisen macht z. B. verständlich, warum trotz der Politik extrem billigen Geldes von Mario Draghi die nominellen Güterpreise der Eurostaaten nicht schlagartig anstiegen, sondern vielleicht Jahre brauchen werden, um die von Draghi anvisierte Inflationsrate von „below but close to 2 %“ zu erreichen. Statt der Güterpreise steigen die Preise der „real assets“. Vgl. Richter (2017d).

VII. Arbitragegeschäfte: Die Vorzüge einer allgemeinen Rechnungseinheit[54]

Angenommen, wir befinden uns in einer Naturaltauschwirtschaft. Es gebe vier Güter. Wie viele Austauschrelationen gibt es in beiden Richtungen? Wie in dem unten zitierten Buch von mir auf S. 117 dargelegt 45; für n Güter erhalten wir [n (n - 1) / 2] Austauschrelationen. Das oben geschilderte stillschweigende Übereinkommen der westdeutschen Bevölkerung, in den ersten Jahren der Besatzungszeit amerikanische Zigaretten als allgemeine Rechnungseinheit zu benutzen, illustriert „das Wirken der unsichtbaren Hand" beim Zustandekommen der „Institution" oder „Ordnung" einer Geldwirtschaft, mathematisch im Sinne eines Nash-Gleichgewichts. Die Marktparteien brauchen jetzt lediglich die jeweils „ausgerufenen" oder „geltenden" (n - 1) Austauschrelationen zu kennen, statt der gesamten [n(n - 1) / 2] Austauschrelationen – eine erhebliche Vereinfachung und damit Verbilligung in einer Welt mit Informationskosten. J. Laughlin (1903, 7) glaubt, dass sich Geld tatsächlich so entwickelt hat.[55]

Seit dem 1. Januar 2002 haben 19 der 28 EU-Staaten den Euro als gesetzliches Zahlungsmittel eingeführt („Eurozone"). Die 19 Staaten vereinbarten damit im Effekt **absolut feste Wechselkurse** zwischen ihren Währungen – zu verstehen als Garant einer politischen Einigung der 19 Euromitgliedsstaaten.[56]

54 In Anlehnung an Richter (1990, 4.3).

55 Das klassische Beispiel dazu liefert Menger (1909, 557).

56 **Helmut Kohl**, begründet den Schritt in seiner **Regierungserklärung vom 7. Dezember 1995** wie folgt: „[...] wir dürfen uns nicht täuschen:

Die **europapolitische Bedeutung** des Schrittes erkennt man daran, dass die souveränen Mitgliedsstaaten bei Vereinbarung absolut fester Wechselkurse zwei ***elementare Probleme*** beantworten müssten:

(1) Wie können die 19 Mitgliedsstaaten „stabile Preise" („sound money") und wie stabile Finanzmärkte sichern?

Es gibt nach wie vor, wie auch in den Jahren 1989/90 in der Entwicklung zur deutschen Einheit, reale Befürchtungen angesichts der Größe und Stärke des vereinten Deutschlands. Deswegen ist es wichtig und ein Gebot der Zukunftssicherung für unser Land, dass wir die Lage realistisch einschätzen und immer wieder, auch in sogenannten kleinen Fragen, berücksichtigen, wie unsere Nachbarn uns sehen und betrachten. Eine deutsche Außenpolitik, die nicht klar zu den Grundsätzen und Zielen der europäischen Einigung stehen würde, wäre unverantwortlich. Es gibt kein Zurück zur nationalen Machtpolitik. Es gibt auch kein Zurück, weder für die Deutschen noch für die anderen in Europa, zum überkommenen Gleichgewichtsdenken. Kern unserer Außen- und Europapolitik muss und wird deshalb auch in Zukunft die konsequente Fortsetzung des europäischen Einigungswerks sein. Dieses Werk, das vorausschauende Politiker wie Robert Schuman, Konrad Adenauer und Alcide de Gasperi und – ich betone es – auch alle meine Vorgänger im Amt in diesen Jahren mit Optimismus, manchmal mit Resignation, mit Einsatz und vor allem mit einer klaren Vision begonnen haben, hat ganz entscheidend dazu beigetragen, daß wir in Europa und in den vergangenen fünfzig Jahren Frieden, Freiheit und auch wachsenden Wohlstand erleben konnten. Bei all dem, was man über diese Jahrzehnte kritisch sagen kann, gilt der Satz: **Die Politik der europäischen Einigung ist die größte Erfolgsgeschichte unseres Kontinents geworden.** Dies gilt auch für die Zukunft. Die Politik der europäischen Einigung ist und bleibt für Deutschland und Europa von existentieller Bedeutung, und – ich wiederhole diesen Satz noch einmal sehr bewusst – **sie ist in Wirklichkeit auch die Frage von Krieg und Frieden im 21. Jahrhundert**. Deshalb müssen wir alles tun, um den europäischen Einigungsprozess entschlossen voranzubringen und ihn politisch unumkehrbar zu machen." (Hervorhebungen durch den Verf.)

(2) Wie sind die großen Unterschiede in der Arbeitsproduktivität der 19 Mitgliedsstaaten zu überwinden?

Die moderne Geldtheorie hat eine einfache Antwort auf die erste Frage: Etabliere eine von den Regierungen der Mitgliedsstaaten unabhängige Zentralbank und verpflichte die Zentralbank, die Kaufkraft ihrer Währung zu sichern. Da aber Papiergeld nichts anderes ist als ein auf den emittierenden Staat (A.P. Lerner 1947, 313)[57] lautender Schuldtitel, mit dem Steuern bezahlt werden können, liegt die Verantwortung für die Stabilität der Kaufkraft des Papiergeldes beim Staat, in dem Falle also bei den Parlamenten der 19 Euro-Mitgliedsstaaten. Die Frage von Milton Friedman (1953, 199) lautet dann: „Why should a country do so when the failure of any other country to co-operate or to behave ‚properly' would destroy the whole structure and permit it to transmit its difficulties to its neighbors?"

Die Maastricht-Kriterien versuchen das „Friedman-Problem" per Anordnung und Strafzahlung bei Nichtbefolgung zu lösen – eine Regelung, die unvereinbar ist mit den immer noch geltenden nationalen Hoheitsrechten der EWWU-Mitglieder. Friedman schließt deshalb korrekterweise: „really effective (and credible) ‚coordination' requires [...] either that nations adopt a common commodity monetary standard like gold and agree to submit unwaveringly to its discipline or that some international body control the supply of money in each country [which does the ECB], which in turn implies *control*

57 In dem Falle die Europäische Währungsunion, die allerdings kein Staat, sondern nur ein **Staatenverbund** ist (nach Bezeichnung des deutschen Bundesverfassungsgerichts in einem Urteil von 1993 als **Staatenverbund**, was auch über die Grenzen Deutschlands hinaus Anklang gefunden hat (siehe *Bundeszentrale für politische Bildung*).

over at least interest-rate policy and *budgetary policy.*" Das allerdings verlangt ein „effective *federal government democratically elected and responsible to the electorate*". (Friedman 1953, 199, Hervorhebungen durch den Verf.)

Die Angelegenheit wird nach Abschluss der Europäischen Währungsunion beim Auftreten von Funktionsproblemen immer wieder mehr oder weniger offen beim Namen genannt, zuletzt von *Macron* (vgl. seine „Initiative für Europa" vom 26.9.2017), ohne jedoch bei den zahlungskräftigeren Mitgliedsstaaten auf Gegenliebe zu stoßen.

Als drittes elementares Problem kommt hinzu, dass wir mit den zum Teil erheblichen Unterschieden in der Arbeitsproduktivität der verschiedenen EWWU-Mitglieder fertig werden müssen.[58] Im Zweifel können nur finanzielle Zuschüsse von den hochproduktiven an die schwächeren Staaten helfen – unter der Auflage, dass diese sich bemühen, ihre Arbeitsproduktivität zu erhöhen. Genau das hatte Deutschland im Zuge seiner gerade bei der Gründung der EWWU anlaufenden *Wiedervereinigung* erfahren. Die Unterbindung von ‚*moral hazard*' (eines ‚Fasses ohne Boden') als Folge laufender finanzieller Hilfeleistungen verlangt die wirksame Überwachung der vereinbarten Effizienzbemühungen der Zahlungsempfänger durch den oder die Zahlungspflichtigen – am einfachsten durch vollständige politische Vereinigung der EWWU-Staaten in Analo-

58 Die griechische Arbeitsproduktivität war nicht einmal halb so hoch wie die deutsche (vgl. Richter, in: *WirtschaftsWoche*, 29.11.1991, 94. Laut Eurostat bewegte sich in der EU die „Labour productivity in 2010 between **41.3** [Bulgaria] and **187.0** [Luxembourg] – wobei 100 die durchschnittliche Arbeitsproduktivität aller 27 EU Mitgliedstaaten angibt." (Siehe *Eurostat – Tables, Graphs and Maps Interface* [TGM], 26.7.12) Die Größenordnung des Problems war also bekannt – vermutlich auch Jacques Delors.

gie zur deutschen Wiedervereinigung. Wie auch immer: Mervyn King schätzt, dass das, was die effizienteren Mitglieder an EWWU-Transferleistungen zu zahlen haben werden, „could well exceed 5 per cent of the GDP".[59] Die „Europäische Währungsunion" erst *nach* Gründung der „Vereinigten Staaten von Europa" ins Leben zu rufen, wäre deshalb die verwaltungsrechtlich oder -technisch bessere Reihenfolge gewesen. Ihr standen jedoch diplomatische Barrieren im Wege (siehe Rödder 2018), eine Tatsache, mit der sich die Ökonomen und die Bürger des Staatenverbundes der Europäischen Wirtschafts- und Währungsunion abzufinden haben.

Unsere Überlegungen lassen die Möglichkeit der von Hayek (1977) beschriebenen Entwicklung einer **Freigeld-Bewegung** außer Acht. Wird einmal der **Facebook-Libra** auf die Europäische Währung einen störenden Einfluss ausüben? Ist die angekündigte Parallelwährung „Libra" ein Beispiel für die von Hayek herbeigewünschte Freigeldbewegung? Ich halte das für unwahrscheinlich, weil immer der Gesetzgeber das letzte Wort hat: Der Gesetzgeber braucht nur Steuerzahlungen und damit Bilanzierung der Unternehmungen und Haushalte im **gesetzlichen Zahlungsmittel** (bei uns im *Euro*) zu verlangen. Insofern ist es einfach, die Akzeptanz von digitalem Geld herzustellen. Die Zweifel von Thomas Fuster[60] sind nur angebracht, wenn Steuern nicht auch mit dem Libra gezahlt werden können.[61]

---

59 Mervyn King (2016), *The End of Alchemy: Money, Banking and the Future of the Global Economy,* London: ABACUS, 233.

60 Fuster, in: NZZ, 8.2.2020.

61 Zur Illustration von Hayeks Freigeld-Idee vgl. Hayek (1977), Vaubel (1977), Richter (1990, 4.6).

VIII. Neue Institutionenökonomik

Es sind die Grundannahmen der Neoklassischen Mikroökonomik („Null Transaktionskosten", „vollkommene Voraussicht", „vollständig rationales Verhalten der Einzelnen"), denen Coase (1937) Aufmerksamkeit schenkte. Er entwickelte so einen neuen Denkstil, der mir, als ich 1978 die Herausgeberschaft der *Zeitschrift für die gesamte Staatswissenschaft* übernahm, unbekannt war. Überzeugt von seinem analytischen Nutzen, folge ich ihm seither mit wachsendem Interesse.[62]

Zum Verständnis der Bedeutung dieser Einsicht hier nur eine kurze Darstellung zentraler Ideen der Neuen Institutionenökonomik (NIÖ). Außer Ronald Coase haben Oliver Williamson und Douglass North wesentlich zur Entwicklung der NIÖ beigetragen.[63]

Ronald Coase zeigte, dass wir unter den Annahmen der Neoklassik nicht erklären können, warum die Allokation von Ressourcen nicht allein über Märkte, sondern auch in Unternehmungen erfolgt. Darüber hinaus erwies sich, dass unter den Annahmen der Neoklassik (d. h. der Theorie vollständiger Konkurrenz) das gegen den Kapitalismus vorgebrachte Problem *externer Effekte* irrelevant ist. Der Grund ist: Bei Null-Transaktionskosten lohnt es sich für die Einzelnen, so lange mitein-

62 Zum Überblick vgl. Richter (2015), Kap. 1. Nationalökonomie wird durch mehr oder weniger schnell wechselnde Schulen charakterisiert. Vgl. dazu Richter (2016b).

63 Vgl. dazu Richter (2015), Kap. 1.

ander zu verhandeln, bis ein „Deal", in dem alle Pareto-Ineffizienzen beseitigt sind, erreicht worden ist („Coase-Theorem").[64]

Oliver Williamson wies wenig später darauf hin, dass Verträge nur dann so abgespult werden wie vereinbart, wenn wir Transaktionskosten von null, perfekte Voraussicht und vollständige Rationalität der Einzelnen wie in der Neoklassik annehmen.[65] Unter so starken Annahmen gibt es nach Vertragsschluss kein opportunistisches Verhalten der Gegenseite – keinen (wie Williamson es nennt) „Ex-post-Opportunismus" der Vertragsparteien. Darunter versteht er z. B. Vertragsbruch, verstecktes Handeln, verzerrte Darstellungen o. ä., gegen den oder die man sich gerichtlich nur sehr schwer und teuer wehren kann. In der realen Welt mit positiven Transaktionskosten und unvollkommener Voraussicht schützen sich deshalb kluge Vertragsparteien durch eine geeignete Gestaltung ihrer Verträge (*governance structure*), die daher unterschiedlich ausfallen kann. Williamson illustriert sein Argument durch eine Liste realer Vertragsgestaltungen. Eine davon nennt er „vereinheitlichte Kontrolle" (*unified governance*) – dazu gehört die Unternehmung.[66] Der Vorteil „vereinheitlichter" Kontrolle besteht darin, dass sich die Parteien schrittweise an unvorhergesehene Ereignisse anpassen können, ohne ihre Vereinbarungen berücksichtigen, vervollständigen oder revidieren zu müssen (frei nach Williamson).[67] Bei einer solchen Vertragsgestaltung besteht, wie sich North ausdrückt, „Anpassungseffizienz" (*adaptive efficiency*).[68]

64 Coase (1960); dazu Kap. 5 „Eureka" in: G. Stigler (1988).
65 Williamson (1971 und 1975).
66 Williamson (1990b), 89.
67 Williamson (1990b), 88.
68 North (1990, 80 / (1992), 96.

Douglass North (1992), ein Wirtschaftshistoriker, betont die Bedeutung des institutionellen Rahmens einer Gesellschaft und dessen Geschichte für ihre wirtschaftliche Leistungsfähigkeit: „history matters". Dagegen halten typische Neoklassiker wie Robert Solow Geschichte für Ökonomen irrelevant. Volkswirte sollten „proceed as if economics is the physics of society. There is a single universally valid model of the world. It only needs to be applied."[69] Volkswirtschaftslehre ist aber keine Naturwissenschaft (was ich allerdings selbst eine Zeitlang glaubte). Ihr Forschungsgegenstand ist keine „ergodische" Welt, in der es keine „echten Neuigkeiten" und deshalb keine „echten Ungewissheiten" gibt. Tatsächlich wird das Wirtschaftsleben laufend von echten Ungewissheiten gestört. Historische „Pfadabhängigkeiten" müssen deshalb berücksichtigt werden: „institutions and beliefs derived in the past influence present choices."[70]

Anders ausgedrückt, Ökonomen befassen sich mit einer nicht-ergodischen Welt, einer Welt in der uns nicht nur die stochastischen Eigenschaften der Variablen unbekannt sind, sondern zum Teil auch die Variablen selbst. Aus dem Grund können wir uns hier auch nicht mit subjektiven Wahrscheinlichkeiten weiterhelfen. Keynes (der über Wahrscheinlichkeit in Cambridge promoviert hatte) schreibt wie gesagt dazu: „there is no scien-

---

69 North (1990), 69; Solow (1985), 330. Ich kenne Robert Solow als sehr gescheiten Mann und kann mir nicht vorstellen, dass er wirklich an die Existenz eines „single universally valid model" glaubt. Ich vermute, hier war eher der Wunsch der Vater des Gedankens – denn er schreibt eine Seite später: „If the project of turning economics into a hard science could succeed, it would be worth doing [...] There are, however, some reasons for pessimism about the project." (Solow 1985, 331) Nationalökonomie ist „leider"eine „nicht-ergodische" Wissenschaft.

70 North (2005), 19 und 21.

tific basis on which to form any calculable probability whatever. We simply do not know."[71]

North zufolge helfen sich die Einzelnen durch Entwicklung einer *Ideologie*. Darunter versteht er „die Rahmenbedingungen mentaler Modelle, die Gruppen von Individuen vereint und die ihnen sowohl eine Interpretation ihrer Umwelt liefern als auch Anweisungen dafür geben, wie ihre Umwelt zu ordnen ist."[72]

Wir werden unmittelbar an David Hume erinnert: Der Mensch ist im Vergleich zur Tierwelt viel zu schlecht ausgerüstet, um sich allein gegen die Ungewissheiten des Lebens behaupten zu können.[73] Erst in Gesellschaft und bei Beachtung fundamentaler Regeln friedlichen Zusammenlebens ist er in der Lage, Gewaltiges zu leisten. Die fundamentalen Regeln umfassen die Grundsätze des *privaten Eigentums*, ihrer Übertragung im beiderseitigen Einverständnis (*Vertragsfreiheit*) und die *Haftung* des Einzelnen aus Vertrag oder wegen unerlaubter Handlung. Sie verleihen dem Einzelnen „Sicherheit [...], sodass jedermann im friedlichen Genuss dessen, was er durch Glück und Fleiß erwirbt, erhalten bleibt."[74]

Auf jeden Fall sehen wir: Effizienz von Institutionen im neoklassischen Sinne (= „Pareto-Effizienz") ist bei unvollständiger Voraussicht („Ungewissheit", „The future is not ours to see") kein sinnvolles Konzept. Handeln bei unvollständiger Voraussicht kann jedoch in Gruppen von Individuen bei Beachtung bestimmter Verhaltensregeln und dem Bestehen von Vertrauen

---

71 Keynes 1973, 114. Wie die „wissenschaftliche Basis" einer logisch konsequent durchgeführten Mikroökonomik aussehen müsste, hat erst Kenneth Arrow (1953) gezeigt.

72 Denzau und North (1994), 4.

73 Hume (2004), 479.

74 Hume (2004), 483.

in das Sozialverhalten der anderen sehr erfolgreich sein.[75] Sauber argumentierende Ökonomen haben keine andere Wahl, als so wie Historiker, Juristen oder andere Geisteswissenschaftler zu arbeiten. Letzten Endes ist der Einfluss der Ideen von David Hume und nicht – wie Walras dachte – der von Isaac Newton für Ökonomen entscheidend. In Deutschland spiegelt er sich wider in den Grundsätzen und Ideen der von Walter Eucken begründeten Freiburger Schule.[76] Die „Neue Institutionenökonomik" – im Sinne der rationalen Begründung von Institutionen verstanden – ist geeignet, den Denkstil deutscher Ordnungspolitiker den Ökonomen des angelsächsischen Sprachbereichs verständlich zu machen. Er ist in den USA ja auch zu finden. Zur Illustration vergleiche man die Erklärung der Finanzkrise von 2007/08, die Peter J. Wallison gegeben hat, mit der von Lance Taylor.[77] Ich fasse die Sichtweisen der beiden Autoren in meinem oben zitierten Artikel wie folgt zusammen: „Basically, Taylor (a Keynesian) follows the majority opinion of the *Financial Crisis Inquiry Report* (2011),[78] which according to Wallison (2011) means ‚that the crisis could have been avoided if the private sector had not taken so many risks and government regulators had not been asleep at the switch.'[79] Like most Keynes-

75 Vgl. Denzau und North (1994) oder Greif (1994).

76 Vgl. Richter (2016a).

77 P.J. Wallison (2015); L. Taylor (2010), *Maynard's Revenge: The Collapse of Free Market Economics*, Cambridge, MA: Harvard University Press.

78 *Financial Crisis Inquiry Report*, Authorized edition: Final Report of the National Commission on the Causes of the Financial and Economic Crisis in the United States, New York: Public Affairs Books 2011.

79 P.J. Wallison (2011), „The True Story of the Financial Crisis", in: *The American Spectator*, 13.5.2011. The *Financial Crisis Inquiry Report* (2011, xv–xxviii) is certainly more detailed; it enumerates eight reasons.

ians,[80] he argues as if the economy would be a machine, more recently even with agents equipped with artificial intelligence.[81]

Wallison's analysis comes close to the arguments of German *Ordnungspolitik*. That is not surprising, because they are near replicas of the principles of classical British economics, though, with one important exception: Eucken's maxim that the establishment of the economic constitution (or order) must not to be left to *laissez faire*.[82] Today, this axiom can be justified as following by Olson's theory of collective action:[83] Developed markets are collective goods.[84] That is true in particular for financial markets whose traded products are difficult to moni-

---

80 „Keynesians" in a general sense. I myself followed in my lectures on macroeconomics, what is called now, the Neo-Keynesian view. But that is long ago (see: Richter, Schlieper, Friedmann 1981).

81 Sargent proposes to build models „with boundedly rational agents [...] by expelling rational agents from our model environments and replacing them with ‚artificially intelligent' agents who behave like econometricians. These ‚econometricians' theorize, estimate, and adapt in attempting to learn about probability distributions which, under rational expectations, they already know." (Sargent 1995, 3; emphasis added). That is, Sargent assumes that his agents know all relevant stochastic variables. There exists no fundamental uncertainty, which explains Lucas's optimism (see above note 38).

82 Which corresponds at least to the „Austrian" reading of British classical economic principles (see Menger 1883/1963).

83 Olson (1965).

84 See Richter 2009. Collective goods may be public or private. A private collective good would be a club good in case of a closed market or a private public good in case of an open market – similar to Coase's (Coase 1974) lighthouse example. The decline of the provision of privately ordered public goods may be the result of badly governed principal-agent contracts between today's capital owners and their agents (their „salaried executives and their salaried managers and sub-managers." Schumpeter 1942, 141). Schumpeter speaks in this context of the erosion of ownership interests („the figure of the proprietor and with it the specifically proprietary interest have vanished from the picture."). It

tor[85] and to enforce money claims. Akerlof's lemons principle is raising its head, entailing ‚the incentive to originate and sell low-quality claims that may (and, in fact, did) end up as lemons or ‚toxic assets' (RICHTER 2009)."

Wir sehen: Die Neue Institutionenökonomik liefert uns Argumente für eine rationale Begründung der dogmatisch dargestellten Institutionen des Kapitalismus. Sie liefert uns eine rationale Begründung für das System von Regeln oder die Ordnung einer freien Marktwirtschaft. Milton Friedman sagte deshalb zu Recht, die Neue Institutionenökonomik hieße besser (new) „economics of institutions" statt (new) „institutional economics".[86]

---

is tempting to illustrate the wealth destroying consequences of such an employee run capitalism by the fallout of the financial crisis of 2008.

85 „[A]n opaque web of interconnected obligations" (BRUNNERMEIER 2009, 98) being far removed from Eucken's constituent principle of liability.

86 Anlässlich eines privaten Gesprächs.

IX. Die drei Institutionen „Markt", „Haushalt" und „Unternehmung" in der neoklassischen Mikroökonomik

A) **Die Institution „Markt"** wird in der herkömmlichen Mikroökonomik-Literatur nicht genauer beschrieben. Selbst Eucken, ein prominenter Verfechter der Ordnungstheorie, schreibt lediglich, dass „aus dem Zusammentreffen von Angebot und Nachfrage der Markt besteht (Eucken 1950, 109). Tatsächlich ist der Markt nicht einfach „da" oder allein ein Produkt der „unsichtbaren Hand" von Adam Smith (im oben beschriebenen Sinne), sondern als öffentliches Gut – als „Institut" – zu verstehen, das den implizit oder explizit geplanten Einsatz realer Ressourcen von tauschwilligen Einzelnen verlangt. Nach Richter und Furubotn (2010, 344) ist der Markt ein Institut, „in dem – im Unterschied zur Unternehmung – individuelle Handlungen nicht auf Grund eines Vertrages per Anordnung koordiniert, sondern durch fortlaufende Austauschvereinbarungen auf der Grundlage einer implizit oder explizit vereinbarten **Marktordnung**, d. h. einer ungeschriebenen Konvention und/oder geschriebenem Recht.[87]

Die Art des Zustandekommens einer Marktordnung ist insbesondere für Kapitalmärkte von Bedeutung, um die Entwicklung von **„Zitronenmärkten"** (Akerlof 1970) zu vermeiden. Die Finanzkrise von 2008 illustriert die Gefahr, dass sich **„Zi-**

87 Arrow (1974, 33) schreibt, tatsächlich lasse sich das Marktsystem als eine sorgfältig ausgeführte Methode der Kommunikation und Entscheidungsfindung auffassen.

tronenmärkte" für *„mortgage backed securities collateral debt obligations"* (MBS CDOs) entwickeln.[88] Im Übrigen sind Märkte charakterisiert durch **soziale Netzwerkbeziehungen** (Wasserman und Faust 1994). Positive Netzwerkexternalitäten (Katz und Shapiro 1985)[89] spielen eine Rolle.

Die Institution „Markt" verstehen wir mithin als ein Netzwerk sozialer Beziehungen zwischen Einzelpersonen, die miteinander in (dauerhafter) Handelsbeziehung stehen, und für die ein System geltender Regeln gilt, das ihre Transaktionen steuert. Olsons Trittbrettfahrerproblem lauert und kann die Gründung privater Interessenverbände oder das Eingreifen der öffentlichen Hand wünschenswert machen (vgl. Richter und Furubotn 2010, 329). Ferner: das „Zitronen"-Problem erfordert **kollektive Überwachungsmaßnahmen**, die an Börsen eine Selbstverständlichkeit sind (Bindseil 2004, 77 f.). Deshalb bezieht sich die vielzitierte „unsichtbare Hand" *nicht* unbedingt auf die Entstehung funktionstüchtiger Märkte. Typisches Beispiel ist die Schaffung eines Marktes für finanzielle Titel, der gegen das **„Zitronenproblem"** (Akerlof 1970) durch öffentliche oder private Kontrollen abgesichert wird.

B) Die Institution „Haushalt" umfasst in der neoklassischen Mikroökonomik eine individuelle Nutzenfunktion und die Erstausstattung des Haushalts mit Gütern. Der Haushalt tritt am Markt nur als Käufer oder Verkäufer von Gütern auf, nicht als Produzent. Tatsächlich produziert er wenn auch nicht für den Markt, so für den „Eigenverbrauch". Zu seinen wichtigs-

88 Wie M. Hellwig (2008) zeigt.

89 Positive Netzwerkexternalitäten entstehen, wenn ein Gut für den Benutzer umso wertvoller wird, je mehr es benutzen.

ten Aktivitäten dieser Art gehören jene, die mit den elementaren Ereignissen des Familienlebens zusammenhängen: Geburt, Hochzeit, die Erziehung eigener Kinder, die Pflege kranker und alter Familienmitglieder, der Tod und die Bestattung Angehöriger.[90] Sie bleiben in der Mikroökonomik unerwähnt – übrigens auch in dem Standardwerk von Gary S. Becker (1981).[91] Den einzigen Ansatz in dieser Richtung enthält das von Samuelson (1958) entwickelte Modell sich überlappender Generationen, das von ihm (und leider auch von mir[92]) nur zur Erklärung des dauerhaften Wertes von Papiergeld benutzt wird. Dass Kinder für ihre Eltern, als ihre künftigen Ernährer, genauso wichtig sind wie Eltern für ihren Nachwuchs, dass darüber hinaus Eltern nicht nur Ernährer, sondern auch Erzieher ihrer Kinder sind, d.h. Verantwortung für ihre **Bildung** und **gesellschaftliche Integration** („gute Erziehung") tragen, bleibt in der Wirtschaftstheorie unerwähnt. Bei Gary S. Becker wird „gute Erziehung" allenfalls unter Verteilungsaspekten gesehen. Das entsprach übrigens der Lebensphilosophie der „68er"-Generation, die für eine Neugestaltung der Gesellschaft auf die

90 Vgl. dazu Silvia Gräbe (Hg.) (1993), „Der Private Haushalt im wissenschaftlichen Diskurs", Frankfurt a. M.: Campus Verlag.

91 In seinem Vorwort (ix) schreibt Becker: „In this book I develop an economic or rational choice approach to the family. My intent is [...] to analyze marriage, births, divorce, division of labor in households, prestige, and other nonmaterial behavior with the tools and framework developed for material behavior. That is to say, this book contains an economic approach to the family, not in the sense of an emphasis on the material aspects of family life, but in the sense of a particular [neoclassical] theoretical framework for analyzing many aspects of family life." – Von der sozialökonomischen Bedeutung der Ehe usw. ist keine Rede!

92 Richter (1990, 51 ff.).

Barrikaden ging.[93] Für die Fürsten des 18. Jahrhunderts, also den Leuten, die in Deutschland unser Fach aus finanziellem Eigeninteresse an die Universitäten brachten,[94] wäre das eine Selbstverständlichkeit gewesen. Für sie waren Familien private Erziehungs- und Versorgungsverbände ihrer Untertanen. Sie verkörperten einen Teil ihres fürstlichen Vermögens. Der besondere Schutz von Ehe und Familie war und dürfte auch heute noch für den Fortbestand einer Gesellschaft lebenswichtig sein.[95] Bei aller Fortschrittlichkeit sollten wir uns als Wissenschaftler nicht genieren, das Thema offen zu diskutieren – auch und gerade mit Blick auf das verschwommene Konzept der **„Integration“** – der „guten Erziehung“ unserer Bürger und aller bei uns Schutzsuchenden (vgl. dazu F. Fukuyama (1995).[96] Eine Sprache zu lernen und einen Arbeitsplatz zu finden dürften dafür nicht ausreichen.

---

93 Obgleich die Bedeutung den Einzelnen in Notzeiten klar wird – etwa unter den gegenwärtigen Verhältnissen der Alten und Kranken in Russland oder Georgien. – Zum „*gebührenfreien Gutsein*“ der 68er und ihrem neomarxistischen Hintergrund vgl. N. Bolz (1999, Kap. 1).

94 Vgl. T.W. Hutchison (1994), „From Zeitschrift für die gesamte Staatswissenschaft (ZgS) to Journal of Institutional and Theoretical Economics (JITE), 1844–1994“, in: *Zeitschrift für die gesamte Staatswissenschaft* 150, 1–10.

95 Arrow (1974, 26) hebt die nationale Kultur als eine zusätzliche „unsichtbare Institution“ hervor und fährt fort „Gemeinwesen haben in ihrer Entwicklung stillschweigende Übereinkommen über ihr Verhalten untereinander entwickelt […], die wesentlich sind für das Überleben des Gemeinwesens oder zumindest beträchtlich zu ihrer Funktionstüchtigkeit beitragen.“

96 Arrow schreibt außerdem: **Vertrauen** untereinander „ist ein wichtiges Gleitmittel einer Gesellschaft. Es ist extrem effizient; es erspart viel Ärger, wenn man sich auf das Wort eines anderen einigermaßen verlassen kann“ (Arrow 1974, 23). Dem steht momentan allerdings die Philosophie der Kulturrebellen der 1968er entgegen, die Diskreditierung klassischer Bildung.

Das **Modell sich überlappender Generationen** – bestehend aus drei Altersklassen „Junge", „Aktive", „Alte" (z. B.) einer Bauernfamilie – macht den Punkt klar. Sowohl „Junge" als auch „Alte" können nur leben, wenn die „Aktiven" die Wälder und Felder, das Vieh und den Maschinenpark der Familie wirtschaftlich nutzen. „Alte" (und „Junge") leben heute von der Arbeit (vom tätigen Fleiß) der heute Aktiven und nicht von dem, was sie früher, in ihrem aktivem Leben, an Gütern in einer Art Juliusturm aufgehäuft haben. Nicht ein Cent der heute geleisteten Sozialbeiträge der „Aktiven" wandert in ihre Altersversorgung morgen, sondern geht vielmehr direkt heute an die gegenwärtig lebenden „Alten". Das heißt, wenn es heute nicht genug „Aktive" gibt (z. B. als Folge eines früheren Geburtenstreiks der vormals Aktiven, aber heute „Alten"), dann ist die Versorgung der heute Alten gefährdet, auch wenn diese als Aktive fleißig in die Rentenkasse eingezahlt haben (aktuelle Rentenpolitik). Also: keine Fortsetzung der sich überlappenden Generationen bedeutet keine Altersversorgung für die vormals Aktiven. Jürgen Borchert (2014, 55 f.) betont zu Recht, dass sich die Verwendung der Versicherungsterminologie für die Altersversorgung („meine Beiträge, meine Rente") als **„besonders schwerer semantischer Betrug"** entpuppt hat (vgl. dazu auch Mackenrot 1952).

C) **Die Institution „Unternehmung"** wird in der neoklassischen Mikroökonomik allein durch ihre Produktionsfunktion und die Definitionsgleichung ihres Gewinns dargestellt. Das Wesen der Unternehmung wird erst später unter dem Aspekt der **Transaktionskosten** behandelt (Williamson und Winter 1991). Die vertraglichen Regelungen der Trennung von **Eigen-**

tum und Kontrolle bei **Aktiengesellschaften** spielen in dem Falle eine Rolle (**Corporate Governance**: Jensen und Meckling 1976, Williamson 1981). Die Kontrolle des Vorstands durch die Kapitaleigner kann als wichtige Ergänzung der von W. Eucken geforderten persönlichen Haftung der Akteure in Aktiengesellschaften oder Gesellschaften mit beschränkter Haftung gesehen werden.[97] Andererseits besteht das Problem, dass man wegen der Ungewissheit der Zukunft den Unternehmer als einen **Ersatz-Makler auf dem durch ungewisse Erwartungen gekennzeichneten Terminmarkt für Güter und Dienste** verstehen kann.[98] Die Höhe seines Einkommens enthält, so gesehen, für die Anleger ein spekulatives Element, das nicht mit der Grenzproduktivitätstheorie der Arbeit erklärt werden kann – weshalb missverständlicherweise eine **„Deckelung" von Vorstandsgehältern**[99] verlangt wurde. Die Vertreter dieser Idee berücksichtigen nicht, dass solch eine Deckelung Einfluss auf die Börsenkurse nehmen würde und damit (sozial gedacht) auch auf die Ersparnisse der Einzelnen für ihr Alter. Die Tatsache,

97 Eucken (1975, 280–285).

98 Auf einem anderen Blatt steht die Frage, welche Rolle die personelle Zusammensetzung der Belegschaft eines Unternehmens spielt: vom Generaldirektor (CEO), über die Mitglieder des Vorstandes bis zu den untergeordneten Mannschaften eines Unternehmens. Mit diesem Thema befasst sich das Lehrgebiet der **„Strategie der Human Resources"** (vgl. Baron und Kreps 1999).

99 Franz Asbeck, *Handelsblatt*, 19.9.2019. Im *Handelsblatt* liest man allerdings, dass eine Obergrenze für Vorstandsgehälter in Deutschland nach Auffassung des Vergütungsexperten Helmuth Uder von der US-Beratungsgesellschaft Willis Towers Watson – ohne genauere Angabe von Gründen nicht praktikabel sei aus einem Interview mit der Nachrichtenagentur Reuters). Es sieht so aus, als sei das Buch *Risk, Uncertainty, and Profit* von Frank H. Knight selbst den US-amerikanischen Ökonomen nicht mehr ganz geläufig.

dass sich die Höhe der Vorstandsbezüge von Kapitalgesellschaften, nicht mit der Grenzproduktivitätstheorie der Arbeit erklären lässt, ist ihren Kritikern nicht klar (siehe Pressenotizen im *Handelsblatt* zum Thema **„Vorstandsbezüge"** oder die einschlägigen Äußerungen unseres ehemaligen Bundestagspräsidenten Norbert Lammert, der sich *fassungslos über die Skrupellosigkeit* von Vorstandsmitgliedern zeigte.[100] Wer trägt die Risiken des Geschäftslebens? Einzelne Individuen oder der Staat? Sind wir bereits auf dem „Weg in die Knechtschaft"? (Hayek 1944). Zum heutigen Stand der Debatte vgl. J.E. Stiglitz (1994). Die gegenwärtige Entwicklung der Zentralbankpolitik läuft ganz in diese Richtung.

Zwischenbemerkung Nr. 2:

Zwei wirtschaftspolitische Kampfbegriffe der Gegner liberalen Gedankenguts tauchen in wirtschaftspolitischen Debatten immer wieder auf:

1. ***laissez-faire, laissez-passer*** = „lassen Sie's machen, lassen Sie's laufen": Die Bemerkung stammt aus der Zeit des Merkantilismus (ca. 1750). Sie betrifft die Aufforderung der **Nichteinmischung des Staates** in private wirtschaftliche Angelegenheiten, also den Verzicht des Staates auf Regulation, Grenzen oder Vorgaben. Diese Geisteshaltung wird gerne mit dem Liberalismus in Verbindung gebracht.

100 Wehler (2013, 78–82).

2. Die **„unsichtbare Hand von Adam Smith"**: Historisch bezieht sich diese Bemerkung auf freie Märkte und damit die Möglichkeit **selbstsüchtiger Wahrnehmung von errechneten Gewinnen**, was unbeabsichtigt zu gemeinnützigen Ergebnissen führen kann. Mit anderen Worten: „Gemeinnutz geht vor Eigennutz" gilt nicht immer.[101]

Analytisch haben wir es mit der spieltheoretischen Idee eines herausragenden Nash-Gleichgewichts eines sich wiederholenden zugrunde liegenden Spiels zu tun, d. h. einem Zustand, in dem kein Einzelner einen Anreiz hat, von seiner Strategie (seinem Verhalten) abzuweichen, wenn die anderen nicht abweichen.

Zur Illustration von Euckens „Grundsätzen": Eine Interpretation der Finanzkrise von 2007

Fünf Jahre vor der Finanzkrise von 2007 behauptete Robert Lucas in seiner Ansprache als neu gewählter Präsident der *American Economic Association,* dass das Problem einer Depression „has been solved, for all practical purposes, and has in fact been solved for many decades" (Lucas 2003, 1).

Warum es dennoch zur Finanzkrise kam, liegt nach Auffassung von Wallison (2009) an den **wirtschaftspolitischen Akteuren**, die bei ihrer *„affordable housing policy"* einen der von Eucken geforderten Grundsätze der Wirtschaftspolitik missachtet haben, nämlich den Grundsatz persönlicher Haftung: „while banks originally were required to use safe and sound lending practices, the ‚affordable housing goals' required them to be-

101 Vgl. Smith (1999), 15.

come ‚innovative' or ‚flexible' in the granting of credit" (Richter 2018a).

Die gelockerten Grundsätze führten zu einer Explosion der Hypothekenkreditvergabe, denn nach amerikanischem Recht haftet der Hypothekenschuldner zwar mit seinem Haus, nicht aber persönlich – was bedeutet, dass „defaulting homeowners are not personally responsible for paying any difference between the value of the home and the principal amount of the mortgage obligation [...]" und dass „such homeowners could walk away from their ‚underwater' mortgages" (Wallison 2009).

Die Wirtschaftspolitiker dürfen also nicht einfach drauflos-handeln. Sie haben sich an die Regeln der Wirtschaftsordnung zu halten, in die sie gewählt wurden, um gegebenenfalls einzugreifen. Das ist der Sinn der von angelsächsischen Ökonomen gerne belächelten deutschen Ordnungspolitik (Richter 2018).

X. Ist Volkswirtschaftslehre (economics) eine Naturwissenschaft wie Physik oder ist sie eine Sozialwissenschaft wie Geschichte oder Rechtswissenschaft?[102]

Im ersten Fall spielt „Geschichte" (der historische Ablauf der Ereignisse) keine Rolle (North 2005, 19). Die auf die *Newton'sche Himmelsmechanik* zurückgehende **Neoklassische Mikroökonomik** gehört dazu, aber auch die auf die *Thermodynamik* zurückgehenden Ansätze von Georgescu-Roegen (1981) und ihre Weiterentwicklung als **„Alternative Wirtschaftstheorie"** (Überblick bei Ebersoll 2006), die eine Verbindung herzustellen versucht zwischen der *qualitativen Systemtheorie* von N. Luhmann (1990, 1996) und der *quantitativen Systemtheorie* nach u.a.m. Lauster, K. Höher, D. Straub (1995) und M. Lauster (1997). Während die neoklassische Wirtschaftstheorie sich international durchgesetzt hat (was in Deutschland wegen des Methodenstreits lange dauerte), spielt die Alternative Wirtschaftstheorie eine Außenseiterrolle. Dazu nur so viel: Wir sollten froh sein, dass sich nach so vielen Jahren die hier skizzierte, inzwischen auch in Deutschland akzeptierte internationale Sprachregelung der Wirtschaftswissenschaft eingebürgert hat. Es handelt sich dabei um eine, für die Entwicklung unseres Faches wichtige **Konvention**, auf die wir Anfang der 50er

---

102 Ich folge dem Wikipedia-Artikel „Social Science": https://en.wikipedia.org/wiki/Social_sciences. Dort werden *Law* und *History* zu den Sozialwissenschaften gerechnet.

Jahre in Deutschland noch sehnlichst gewartet haben. Schumpeter (1955, 6–11) hat sich mit der Frage **„Is Economics a Science?"** in anderer sehr lesenswerter – Weise auseinandergesetzt.

Im zweiten Fall (Volkswirtschaftslehre ist eine Sozialwissenschaft) ist dagegen Geschichte (der historische Ablauf der Ereignisse) von Bedeutung. Es gibt ‚echte Neuigkeiten' und damit **‚echte Ungewissheiten'**: Wir wissen nicht, was die Zukunft uns bringt (North 2005, 21). Es muss nochmals betont werden: Historische **„Pfadabhängigkeiten"** im Sinne von „institutions and beliefs derived in the past influence present choices" (ebd.) spielen eine Rolle.[103] Hätte Schmoller (1883) mit Argumenten dieser Art auf die Kritik von Menger (1883) geantwortet, wäre uns der lange und fruchtlose deutsche Methodenstreit erspart geblieben (Richter 2015, Kap. 8).[104] Volkwirtschaftslehre ist eben keine Naturwissenschaft. Ihr Forschungsgegenstand ist keine **„ergodische"** Welt (North 2005, 19). Vielmehr wird unser Wirtschaftsleben gerade vom Auftreten **echter Ungewissheiten** charakterisiert (ebd., 21), siehe die gegenwärtige Pandemie.[105]

Anders ausgedrückt, Ökonomen (Geschäftsleute) befassen sich – wie Armeegeneräle oder führende Politiker – mit der Steuerung Einzelner in einer **nicht-ergodischen** Welt, in einer Welt, in der ihnen nicht nur die stochastischen Eigenschaften vieler Variablen unbekannt sind, sondern auch ein Teil der Variablen selbst (wir kennen die Krankheit „Covid-19" selbst heute noch nicht richtig). Aus dem Grunde können sie sich

---

103 Jedoch: **Geschichte wiederholt sich nicht!** (V. Reinhardt, in: NZZ, 9.8.2019).

104 Vgl. Richter (2018a).

105 D.C. North (2005), Understanding the Process of Economic Change, Princeton, NJ: Princeton University Press.

auch nicht mit subjektiven Wahrscheinlichkeiten weiterhelfen. North hebt in dem Zusammenhang die Bedeutung der **Ideologie** eines Volkes hervor. Darunter versteht er „die Rahmenbedingungen mentaler Modelle, die Gruppen von Individuen vereint und die ihnen sowohl eine Interpretation ihrer Umwelt liefern als auch Anweisungen dafür geben, wie ihre Umwelt zu ordnen ist.“ (Denzau und North 1994, 4).

Wir werden an das oben aufgeführte Zitat von David Hume (2004, 479) erinnert: Der Mensch ist im Vergleich zur Tierwelt zu schlecht ausgerüstet, um sich alleine gegen die Ungewissheiten des Lebens behaupten zu können. Erst in Gesellschaft und bei Beachtung fundamentaler Regeln friedlichen Zusammenlebens ist er in der Lage, Gewaltiges zu leisten. Die fundamentalen Regeln umfassen u. a. die Grundsätze des **privaten Eigentums**, ihrer Übertragung im beiderseitigen Einverständnis (**Vertragsfreiheit**), die **Haftung** des Einzelnen aus Vertrag oder wegen unerlaubter Handlung und **Preiskonkurrenz auf frei zugänglichen Märkten**. Unter den Kritikern sozialistischer Planwirtschaften hat sich vor allem F.A. Hayek einen Namen gemacht (vgl. Hayek, 1996).

Effizienz von Institutionen im neoklassischen Sinne (= „Pareto-Effizienz“) ist wegen **unvollständiger Voraussicht** („Ungewissheit“, „*The future is not ours to see*“) kein sinnvolles Konzept. Handeln bei unvollständiger Voraussicht kann jedoch für Gruppen von Individuen bei Beachtung bestimmter Verhaltensregeln und dem Bestehen von Vertrauen in das Sozialverhalten der einzelnen ökonomisch sinnvoll (rational, wenn auch nicht im Allgemeinen im Sinne der Analysis) gestaltet werden und erfolgreich sein (vgl. Denzau und North 1994 oder Greif 1994). North (1990, 80) spricht in dem Falle von

Anpassungseffizienz (‚*adaptive efficiency*', vgl. Richter und Furubotn 2005, 109).

Bei der Sachlage haben sauber argumentierende Ökonomen keine andere Wahl als wie Historiker, Juristen oder andere Sozialwissenschaftler zu arbeiten. Letzten Endes ist der **Einfluss der Ideen von David Hume** (1739/40) und nicht – wie Walras dachte – der von Isaac Newton für Ökonomen von Bedeutung. In Deutschland spiegelt sich dieser Gedanke wider in den Grundsätzen und Ideen der von **Walter Eucken** begründeten **Freiburger Schule**. Die **„Neue Institutionenökonomik"** – verstanden im Sinne der **rationalen Begründung von Institutionen** – scheint mir geeignet zu sein, den Denkstil deutscher Ordnungspolitiker den Ökonomen des angelsächsischen Sprachbereichs verständlich zu machen. Im Übrigen liefert uns die Neue Institutionenökonomik Argumente für eine rationale Begründung der meist nur dogmatisch dargestellten Institutionen des Kapitalismus. Sie liefert uns eine rationale Begründung für *die Ordnung einer freien Marktwirtschaft als einer gesellschaftlichen Methode,* ***mit den Ungewissheiten des Lebens fertig zu werden.***[106]

Nota bene: Der Verzicht der Makroökonomik auf Wirtschaftlichkeitsrechnung läuft auf einen **„Kapitalismus ohne Kapitalmärkte"** hinaus: Es gibt zwar Privateigentum an den Produktionsmitteln, aber der Handel mit ihnen wird nicht mehr durch Zinsen, sondern durch direkte Eingriffe der Zentralbanken (wie das „*Quantitative Easing*") gesteuert. Nicht private „Kapitalisten" verwetten ihr Geld um Erfolg oder Misserfolg ihrer Investitionen, sondern der Staat verwettet das ihm per Rechtszwang

---

106 Vor allem bietet uns die *Neue Institutionenökonomik* neue Perspektiven der wirtschaftlichen Entwicklung vgl. North (2005), Ferguson (2016).

zufließende Geld der Steuerzahler. Wir sind fast unbemerkt auf den „Weg in die Knechtschaft" geraten.

XI.
Die Große Transformation oder Der Große Wandel[107]

Der *Wissenschaftliche Beirat der Bundesregierung Globale Umweltveränderungen* (**WBGU**) hat sich ein ehrgeiziges Ziel gesetzt: Er ruft in seinem Gutachten dazu auf, das Umweltproblem durch eine fundamentale Umwälzung – einen **„Systemwandel der globalen Wirtschaft"**, eine „Große Transformation" oder einen „Great Reset" – der Weltwirtschaft vom Kaliber einer Industriellen **Revolution** zu lösen. Sie sei machbar und solle binnen 20 Jahren vollendet sein. C.C. von Weizsäcker liefert in der FAZ vom 30.9.2011 einen wohlbegründeten Verriss besagten Aufrufs unter dem Titel **„Die Große Transformation: ein Luftballon"**. Der Fehler der WBGU besteht darin, dass die Autoren nicht beachten, dass im Falle gemeinsam genutzter Ressourcen wie „Luft" oder „Meer" individuelle Verfügungsrechte (property rights)[108] wegfallen, weshalb es zur Übernutzung der gemeinsam genutzten Ressource „Umwelt" kommt.

Die Nobelpreisträgerin **Elenor Ostrom** hat für intakte Dorfgemeinschaften gezeigt, dass die Übernutzung einer gemeinsam genutzten Ressource wie z. B. einer Alm im Hochgebirge ver-

107 **„The Great Transformation"** ist übrigens der Titel eines berühmten wirtschafts-historischen Buches von Karl Polanyi (1994), das ein anderes Problem behandelt als „The Great Reset", nämlich (wie der Untertitel sagt): **„The Political and Economic Origins of our Time"**.

108 R. Richter, E.G. Furubotn (2003, S. 130).

mieden werden kann, wenn der Bürgermeister folgende Verwaltungsgrundsätze beachtet:[109]

1. Define clear group boundaries.
2. Match rules governing use of common goods to local needs and conditions.
3. Ensure that those affected by the rules can participate in modifying the rules.
4. Make sure the rule-making rights of community members are respected by outside authorities.
5. Develop a system, carried out by community members, for monitoring members' behavior.
6. Use graduated sanctions for rule violators.
7. Provide accessible, low-cost means of dispute resolution.
8. Build responsibility for governing the common resource in nested tiers from the lowest level up to the entire interconnected system.

Es wäre zu zeigen, wie man sich eine solche Liste von Grundsätzen durch einen von der WBGU angestrebten **„Gesellschaftsvertrag"** vorstellen kann, der allerdings kein Vertrag im Rechtssinne ist, sondern ein Zustand, bei dem es sich um ein herausragendes Koordinationsgleichgewicht handelt von der Art „alle fahren rechts" oder „alle fahren links", in denen also kein Akteur einen Anreiz hat, von seinem Verhalten abzuweichen, wenn es die anderen nicht tun.[110]

---

109 E. Ostrom (1990), S. 90.

110 Sie sind eine **Folge ihrer gegenseitigen Interessen**. So schreibt Hume zum Beispiel zum individuellen Eigentum: „Ich sehe, es liegt in meinem Interesse, einen anderen im Besitz seiner Güter zu belassen, dass er in gleicher Weise gegen mich verfährt. Er seinerseits ist sich eines gleichen

Der Zusammenhang zwischen Privateigentum und effizienten Anreizen ist nicht gerade eine Neuentdeckung. Schon Aristoteles riet: „In gewisser Hinsicht muss der Besitz gemeinsam sein, doch im Allgemeinen privat. Geteilte Obsorge wird nämlich keine Vorwürfe gegeneinander aufkommen lassen, ja man wird eher weiterkommen, wenn jeder einzelne mit dem eigenen beschäftigt ist“ (Aristoteles, 1263 a 25; 1993, 115).

Die Analyse der Verfügungsrechte als systematische Erforschung der ökonomischen Anreize des Eigentums an knappen Ressourcen setzte erst in den 1960er Jahren ein. Begonnen wurde sie von Coase (1959, 1960), Alchian (1958, 1965b), Alchian und Kessel (1962), Demsetz (1964, 1966, 1967) und anderen, die hervorhoben, dass unterschiedliche institutionelle Arrangements die Entscheidungssubjekte mit unterschiedlichen Verfügungsrechten über Ressourcen ausstatten. Furubotn und Pejovich (1972a) gaben einen Überblick über die frühe theoretische Literatur, DeAlessi (1980) einen über die frühen em-

---

Interesses bei der Regelung seines Verhaltens bewusst. Wird dies Bewusstsein eines gleichartigen Interesses wechselseitig kundgegeben, ist es also beiden bekannt, so erzeugt es ein entsprechendes Wollen und Verhalten. Und dies kann folglich eine Übereinkunft oder **ein wechselseitiges Einverständnis** genannt werden.“ (D. Hume 2004, S. 484, Hervorhebung von mir). Die Grundsätze des Naturrechts entsprechen den Bedingungen eines Nash-Gleichgewichts (J. Nash, 1951) der Spieltheorie. Die Stabilität der Rechtsordnung eines Landes lässt sich insofern mit Hilfe eines spieltheoretischen Gleichgewichtskonzepts begründen. Zu dieser Art rationalen Begründung einer „organischen” Entwicklung von Institutionen gehören die berühmten Überlegungen von David Hume (1748/49), Carl Menger (1883), Friedrich von Hayek (1973). Sie sind Gegenstand dynamischer Spieltheorie und erklären die Evolution gewisser Institutionen als „das unreflectierte Ergebnis der auf die Erreichung wesentlich individueller Zwecke gerichteten menschlichen Bestrebungen.“ (Menger 1883, 164).

pirischen Arbeiten auf diesem Gebiet. Wir wollen hier kurz auf einige dieser Beiträge eingehen:

Coase war mit seinem Aufsatz von 1960 einer der wichtigsten Urheber der Verfügungsrechtsanalyse. Seine zentrale Hypothese behandelten wir in diesem Kapitel. Der Aufsatz ist zugleich programmatischer Natur und betont im letzten Teil die Notwendigkeit eines Neuansatzes der ökonomischen Forschung. Coase fordert drei Änderungen:

1. den Übergang zum Opportunitätskostenansatz, „wenn es um Fragen der Wirtschaftspolitik geht, und einen Vergleich der wirtschaftlichen Gesamtergebnisse, die bei unterschiedlichen sozialen Rahmenbedingungen erreicht werden" (1960, 42 ff.).
2. Statt Fragen der Politik in einer idealen Welt (mit Transaktionskosten von null) zu diskutieren, sollte man die Analyse beginnen „mit einer Situation, die der tatsächlich bestehenden nahekommt, [...] die Auswirkungen der vorgeschlagenen Veränderung der Politik untersuchen und versuchen, zu entscheiden, ob die neue Situation insgesamt besser oder schlechter wäre als die ursprüngliche" (ebd.).
3. Statt Produktionsfaktoren als bloße physische Dinge zu betrachten eine irrige Vorstellung, die die Entwicklung einer sachgerechten Theorie der Behandlung externer Effekte verhindert – sollte man Produktionsfaktoren als Rechte auffassen, bestimmte (physische) Handlungen auszuführen, d. h. als Verfügungsrechte. Hieraus folgt die zentrale Aussage der frühen Verfügungsrechtsschule, nämlich, dass zur Sicherung von Effizienz eine klare Definition der Verfügungsrechte grundsätzlich ausreicht. Das ist allerdings

nur bei Transaktionskosten von null der Fall (Coase 1988b, 14 ff.) oder, um es spieltheoretisch auszudrücken, wenn Präferenzen und wirtschaftliche Möglichkeiten aller Spieler allgemein bekannt (common knowledge) sind.[111] Neuere Untersuchungen haben dem weitere Annahmen hinzugefügt, wie die Stabilität von Koalitionen (Aivazian u. a., 1987) und die Notwendigkeit, interdependente Präferenzen auszuschließen (Furubotn 1995).

Alchians Aufsatz (1965b) ist eine der ersten allgemeinen Darstellungen der Verfügungsrechtsökonomik. Er definiert ein System von Verfügungsrechten als „eine Methode, bestimmten Personen die ‚Autorität' zuzuweisen, für spezifische Güter jede beliebige Verwendung aus einer nicht verbotenen Klasse von Verwendungen auszuwählen" (Alchian 1977, 130). Er betont, dass private Verfügungsrechte privates Eigentum vor physischen Veränderungen schützen, nicht jedoch vor Veränderungen im Marktwert. Alchian vergleicht die Effizienzprobleme von Privat und Kollektiveigentum und stellt fest, dass „bei öffentlichem Eigentum die Kosten jeder Entscheidung oder Wahl weniger vom Entscheidenden zu tragen sind als wie bei Privateigentum" (1977a, 146). Er impliziert, dass öffentliches und privates Eigentum in manchen Fällen jeweils wegen ihrer unterschiedlichen Verhaltensfolgen gewählt werden.

111 „[…] unter der […] Annahme, daß jeder Spieler die Auszahlungsfunktion (Nutzen, Gewinn, was auch immer) oder die eingesetzten Strategien aller anderen Spieler kennt" (Arrow 1979, 24). Wie Arrow (1979) zeigte, kann das Coase Theorem unter bestimmten Bedingungen auch bei unvollständiger Information Gültigkeit haben. Im Allgemeinen jedoch ist Effizienz nicht zu erreichen. Zu dieser Literatur siehe Schweizer (1988), wo auch weitere Argumente angeführt sind.

Ein anderer früher Vertreter des Verfügungsrechtsansatzes ist Demsetz. In einer Besprechung (Demsetz 1964) des Artikels von Coase (1960) betont er, wie wichtig die Annahme der Kostenlosigkeit von Transaktionen für das nachmalige Coase Theorem war. Die praktische Internalisierung von Externalitäten veranschaulicht er durch die Darstellung der Entstehung von Jagdrechten bei der kanadischen Urbevölkerung (Demsetz 1967). Furubotn und Pejovich halten in ihrem Übersichtsaufsatz fest, dass der Verfügungsrechtsansatz als Versuch einer Formulierung sinnvoller Optimierungsprobleme zu verstehen ist. „Das ist deshalb so, weil unabhängig von Zahl, Art oder Vielfalt der Ziele eines einzelnen Entscheidungssubjekts die Ziele immer als Argumente in irgendeiner Art von Nutzenfunktion verstanden und unter entsprechenden Nebenbedingungen maximiert werden können" (Furubotn und Pejovich 1972a, 1138).

Sie betonen, daß die meisten der in diesem Zusammenhang erörterten Nebenbedingungen durch den Staat eingeführt werden. „Daraus folgt, […] daß eine Theorie der Verfügungsrechte nicht wirklich vollständig sein kann ohne eine Theorie des Staates" (ebd., 1140). Dementsprechend verweisen die Autoren den Leser auf die Arbeiten von Buchanan und Tullock (1962), Niskanen (1968) und anderen.

Während in der frühen Verfügungsrechtsliteratur, wie den Beiträgen von Hardin (1968), Smith (1969), Clark (1977), in erster Linie private Verfügungsrechte als Ausweg aus dem „Trauerspiel der Allmende" gesehen wurden, erkennen spätere Verfechter der Verfügungsrechtsanalyse wie Ostrom (1990), „daß es viele Lösungen für viele verschiedene Probleme gibt [und] daß die Auswahl der richtigen Institutionen ein schwieriger, zeitraubender und konfliktträchtiger Prozeß ist" (1990, 14). Solche Institutionen sind selten rein privat oder rein öffentlich, schreibt Ostrom. Vielmehr sind viele der erfolgreichen Gemeineigentums Einrichtungen Mischungen aus beiden. Als Beispiele zieht er die verschiedensten empirischen Untersuchungen heran, u. a. über Gemeineigentum an Wiesen und Wäldern, Bewässerungsgemeinschaften und andere Wasserrechte, sowie Fischereirechte. Typisch für dieses Gemeineigentum ist „ein Institutionenrahmen, der als Ersatz für zumindest einige der Beschränkungen dient, die bei Privateigentum durch den Markt erzwungen würden" (DeAlessi 1980, 7). Gemeineigentum an Kapital bzw. das Unternehmen in Arbeitnehmerselbstverwaltung hat u. a. Furubotn (1974, 1980) behandelt. Er untersuchte, wie die Verfügbarkeit langfristiger Bankkredite die Investitionsentscheidungen in jugoslawischen Unternehmen beeinflusste. DeAlessi (1980) gibt einen ausführlichen Überblick über die empirische Evidenz der Verfügungsrechtsökonomik. Er berichtet u. a. über Literatur zu *Verfügungsrechten an Arbeitsplätzen wie Arbeitsberechtigungen* von Dockarbeitern (Martin 1972) oder Kündigungsrechte (Martin 1977), über Privatunternehmungen mit Trennung von Eigentum und Kontrolle, über Franchise Vereinbarungen, Genossenschaften und andere nicht kapitalistische Unternehmen. Gründlich bearbeitete Themenbereiche sind überdies staatliche Regulierung und Staatseigentum. Die allgemeinen Ergebnisse in diesen Gebieten lauten, dass Regulierung durch staatliche Kommissionen zu höheren Preisen und geringeren Ausstößen führt, dass das Fixkapital größer und die F&E Aktivitäten geringer sind. Der Vergleich von Staatseigentum mit regulierten Privatunternehmen ergibt z. B.: „Städtische Elektrizitätsversorgungsunternehmen in den USA verlangen im allgemeinen niedrigere Preise; haben höhere Betriebskosten; haben größere Kapazitäten; [...] ziehen Wähler Nichtwählern vor; [...] halten Manager länger im Amt" (DeAlessi 1980, 41). DeAlessi schließt daraus, dass das Faktenmaterial „deutlich die Hypothese stützt, dass Verfügungsrechte von Belang sind. Die Auswirkungen alternativer Verfügungsrechtssysteme auf Verhalten und Wohlfahrt sind erheblich und weitreichend" (ebd., 40). Es ließen sich noch viele weitere Beispiele anführen.

Ein interessantes neues Gebiet befasst sich mit der Definition und Rolle der ***Eigentumsrechte im „Cyberspace"***, der nicht einfach „da" war, sondern von Menschen entworfen, gemacht – kodiert worden ist. Lessig (1999, 6) argumentiert, der Code sei das „Recht" des Cyberspace: „Code ist Recht".

Prominentes Beispiel für den Schutz elektronischer Aufzeichnungen vor un-authorisierten Kopien sind die sogenannten ***Selbsthilfe-Systeme*** (oder Copyright-Management-Systeme). Sie sind eigentumsrechtlich interessant, weil sie nicht nur die Autoren (also die Urheber) von staatlichem Recht befreien, sondern auch – wo anwendbar – sehr billig und vergleichsweise sicher sind. Der Urheber muss nicht Verletzungen seiner Eigentumsrechte verfolgen und er braucht keine teuren, zeitaufwendigen Gerichtsverfahren, um seine Rechte durchzusetzen (Engel 2002, 77). Die Grundidee eines Selbsthilfe-Systems lässt sich auf einfache Weise anhand des weit verwendeten Acrobat Reader illustrieren. Der Autor („provider") kann sein Dokument im Acrobat Reader so gestalten, dass der potentielle Benutzer es nur auf seinem Bildschirm lesen oder nur einmal herunterladen kann.[112] Desgleichen kann der Autor alle vom Zugang zu

112 Vgl. http://www.ad.com/products/acrobat/readstep.html (3.1.2002), zitiert nach Engel (2002, 77, Anm. 316).

seinem Dokument ausschließen, die nicht vorher zahlen (etwa durch Überlassung der Nummer ihrer Kreditkarte). Verschlüsselung ist in diesem Falle von elementarer Bedeutung. Natürlich können Schlüssel von Außenseitern geknackt werden, auch können sie von den Empfängern umgangen werden. Dennoch werden Selbsthilfe-Systeme allenfalls gelegentlich überlistet. Dam (1999, 410) argumentiert, dass private Verträge auf der Grundlage von Selbsthilfe-Systemen das Mittel zur Entwicklung adäquater sozialer Normen des Cyberspace und ihrer Befolgung sein können, d.h. eine Art von „Unsichtbare-Hand-Mechanismus" auf diesem neuen gesellschaftlichen Gebiet. Eine umfassende Beschreibung der Copyright-Management-Systeme liefert Bechthold (2002).

Die Behandlung der **Eigentumsrechte im Cyberspace** berührt ein wichtiges Spezialgebiet, das in diesem Buch nicht näher behandelt werden kann – nämlich das der ***Ökonomik des geistigen Eigentums***. Die Ansichten über staatliche Förderung innovativer und schöpferischer Tätigkeit gehen weit auseinander.

Das Hauptproblem, das z.B. Arrow (1962) untersucht, ist der „Konflikt zwischen den gesellschaftlichen Zielen effizienter Verwendung bereits erzeugter Information und der Schaffung idealer Motivation für die Erzeugung von Information" (Hirhsleifer und Riley 1979, 1404). Verfügungsrechte an „gefangenen" Ideen können zu demselben Ergebnis führen wie Verfügungsrechte an gefangenen Fischen bei frei zugänglicher Fischerei oder Erfindungstätigkeit: Es werden zu viele Mittel für Erfindungen (oder für den Fischfang) eingesetzt. Wie Hirhsleifer und Riley (1979, 1406) in ihrem Überblick über Unsicherheit und Information zeigen, sind die Argumente für und gegen Patentschutz vielschichtiger, als man gemeinhin glaubte.

Ein weiteres Problem sind Urheberrechte, Geschäftsgeheimnisse usw. In ihrer Einführung zu einem Symposium über geistiges Eigentum betonen Besen und Raskind (1991) zu Recht, dass die Fragen der Ökonomik des geistigen Eigentums hochaktuell sind: „Das Tempo technischen Wandels während der letzten Jahrzehnte hat die Gesetzgebung zum geistigen Eigentum mit unerforschten Sachgebieten und schwierigsten Fällen konfrontiert [...]. Wie sollten Innovationen im Zusammenhang mit Halbleiterchips oder Computer Software geschützt werden? Sollten gentechnologisch erzeugte Lebensformen patentierbar sein? Unter welchen Bedingungen sollte die Videoaufnahme einer Fernsehsendung zum Hausgebrauch die Rechte von Programmproduzenten schmälern?" (1991, 25) Eine Antwort darauf gibt zum Teil Dam (1999) bei der Behandlung der oben erwähnten Selbsthilfe-Systeme. Ein anderes interessantes Problem ist die Entwicklung von „Patent-Rennen" – das Patentieren aus strategischen Gründen, auch wenn die konkurrierenden Unternehmungen ihre Investitionen in F&E gar nicht über Gewinne aus patentierten Produkten wieder hereinholen wollen, sondern eher durch technischen Vorsprung, produktionstechnische Überlegenheit oder originelle Entwürfe (Hall und Ziedonis 2001). Die konkurrierenden Unternehmen legen sich „Patent-Portefeuilles" an, und zwar aus strategischen Gründen. Sie wollen die neuen Patente nicht wirtschaftlich verwerten, sondern nur oder in erster Linie verhindern, dass ihre eigene Entwicklungsarbeit durch (ebenfalls) strategische Patente ihrer Konkurrenten blockiert wird („Patent Paradox").

Abschließend noch zur Sozialkapital-Literatur: Der Terminus ***Sozialkapital*** ist kein neues Konzept (Woolcock 1998), wurde aber zur „Neuentdeckung" auf dem Gebiet der Entwicklungs- und Transformationsökonomik (vgl. Dasgupta und Serageldin 2000). Während Solow (2000) dem Konzept gegenüber skeptisch ist und Dasgupta (2000, 398) eher zurückhaltend, benutzen andere Gelehrte – insbesondere Soziologen wie Coleman (1988, 1990, 2000) oder Burt (1992) – das Konzept ohne Bedenken (vgl. den Übersichtsartikel von Sobel 2002).

XI.
Individualismus versus Kollektivismus

Wirtschaftstheorie ist der erklärende Teil der *Wirtschaftswissenschaft* – einer **Realwissenschaft**, die nach meinem **liberalen Verständnis**[113] die Verfügung der Einzelnen einer freien Gesellschaft über knappe Güter und deren Tausch über freie offene Märkte zum Gegenstand hat. Nach liberaler Auffassung steht das Wohl des Einzelnen im Zentrum – im Gegensatz zum **Kollektivismus**, in dem das Wohl der Gemeinschaft (der Arbeiterklasse, der Nation, des Staatenverbundes, der Weltgemeinschaft usw.) von zentraler Bedeutung ist und in dem sich eine **Einheitsmeinung** herausbildet – was Deutsche in der DDR und davor in der Hitlerzeit erleben konnten. Dagegen bemerkt J.St. Mill, dass die Menschheit nicht unfehlbar ist, weshalb die Einheitlichkeit ihrer Meinungen nicht wünschbar und **Meinungsunterschiede nicht verwerflich**, sondern **gut sind** „*until mankind are much more capable than at present of recognizing all sides of the truth*" (Mill 1869, 43).

Im Ergebnis denken die **Ökologischen Bewegungen** in Kollektiven. Die „*Post-hoc-ergo-propter-hoc*-Behauptung, dass der CO_2-Anstieg die Ursache der abschmelzenden Eisberge ist, wird zwar erdzeitgeschichtlich gestützt.[114] Sie läuft aber Gefahr, dass

113 Eine die individuelle Freiheit und Selbstverantwortung betonende Gesellschaftskonzeption; ihre geistigen Wurzeln liegen in der durch die Aufklärung beeinflussten englischen und schottischen Moralphilosophie des 18. Jh. (u. a. Locke, Hume, Stewart, Smith).

114 Zur wissenschaftlichen Kritik vgl. Judith Curry [Scott Waldman, E&E News reporter]. Interessant auch das Interview von Sybille Adert u. a. m. mit Prof. Peter Strohmeier in: FAZ, 16.12.2019.

die Größe ihres öffentlichen Interesses eine selbstverstärkende Wirkung hat – was sie nicht unbedingt „wahrer“ macht. Unerwähnt bleibt, dass das Umweltproblem ein Spezialfall eines bekannten wirtschaftlichen Problems ist: des Problems **frei zugänglicher, gemeinsam genutzter Ressourcen** (vgl. Ostrom 1990; Richter und Furubotn 2003, 124[115]). Eine wirksame Kontrolle **gemeinsam genutzter Ressourcen** verlangt, den Zugang zu diesen Ressourcen **einer Kontrolle zu unterwerfen.**[116] Im Falle der „ganzen Welt“ setzt das einen Weltstaat voraus, der per Rechtszwang die Nutzung der Ressourcen der Erde unter Kontrolle halten kann. Erst dann wäre der **Handel mit Emissionsrechten** auf freien Märkten (Bonus 1981) sinnvoll. Dann wäre zum Beispiel auch eine Politik der weltumfassenden Wiederaufforstung denkbar. Jedoch: Das sind Lösungen, die, wenn nicht einen Weltstaat, dann eine vertraglich begründete *Welt-*

---

115 Weiter dazu G. Hardin (1968), „The Tragedy of the Commons“, in: *Science* 162, 1243–1248. Richter (2015).

116 Siehe Elinor Ostroms „**8 principles for how commons can be governed in a community**“:
„1. Define clear group boundaries.
2. Match rules governing use of common goods to local needs and conditions.
3. Ensure that those affected by the rules can participate in modifying the rules.
4. Make sure the rule-making rights of community members are respected by outside authorities.
5. Develop a system, carried out by community members, for monitoring members’ behavior.
6. Use graduated sanctions for rule violators.
7. Provide accessible, low-cost means for dispute resolution.
8. Build responsibility for governing the common resource in nested tiers from the lowest level up to the entire interconnected system.“
https://www.onthecommons.org/magazine/elinor-ostroms-8-principles-managing-commmons, 3.6.2020.

union verlangen, die weitreichende Eingriffsrechte in die Souveränität ihrer Mitgliedstaaten samt der erforderlichen physischen Macht hat, sie durchzusetzen. Hat sie die erforderliche Durchsetzungsmacht nicht, stellt sich die oben zitierte Frage von Milton Friedman (1953, 199) zur europäischen Währungsunion in neuem Gewande: „Why should a country do so when the failure of any other country to co-operate or to behave ‚properly' would destroy the whole structure and permit it to transmit its difficulties to its neighbors?"

Wie aber diszipliniert man ohne Machtapparat Mitgliedsstaaten, die aus der Reihe tanzen? Die Situation ist erheblich ernster als es die Vertragsbrüche von Mitgliedern der Europäischen Währungsunion sind. **Moralische Appelle allein** helfen allenfalls begrenzt – auch dann nicht, wenn sie mit dem vollen Register moderner Einflussnahmen auf die öffentliche Meinung unternommen werden.[117] Die Bewegung **„Fridays for Future"** mit der schwedischen Schülerin Greta Thunberg als Galionsfigur illustriert das.

Die ökologischen Bewegungen sind unterschwellig stark aggressiv: Sie bedienen sich des uns **angeborenen Schutzinstinkts des Kinderlebens** – vom Aufruf zu Geburtenstreiks[118] (#birthstrikes)[119] bis hin zu Schulstreiks unseres Nachwuchses.

---

117 Unter Zuhilfenahme moderner Instrumente der gezielten Beeinflussung öffentlicher Meinungsbildung wie „*Astroturfing*", „*Framing*" und der Einflussnahme auf das „*Overton-Fenster*" (das **„Einflussfenster"** nach Joseph P. Overton) – von den Gefahren biotechnischer Einflussnahmen (Harari 2015) ganz zu schweigen.

118 Frau Dr. Verena Brunschweiger (2019), die nicht Mutter werden will, denn Forscher hätten berechnet, „dass wir 58,6 Tonnen CO_2 einsparen können, wenn wir nur ein Kind weniger in die Welt setzten." Aber wer zahlt dann unsere Rente?

119 NZZ, 13.8.2019.

Im Vergleich zu dem blutigen Kronstädter Matrosenaufstand von 1921 sind das zwar „liebenswürdig" klingende, aber nicht minder wirksame Kampfmittel gegen den zum Hassobjekt stilisierten Liberalismus, die für ihre User den Vorteil haben, „aus der apokalyptischen Drohung den Honig der guten Tat und der erfolgreichen Geschäftsidee zu saugen [....] Wie man die Rettung der Welt als Riesengeschäft aufzieht, zeigt zum Beispiel die AG ‹*We don't have time*› [...],deren Werbefigur die Klimaaktivistin Greta war."[120]

Was einmal der „Kapitalismus" war – den gibt es in den meisten Staaten sowieso nicht mehr. Dagegen macht sich ein zunehmend brutaler Kollektivismus breit – ein **„Ich bin nichts, meine Umwelt ist alles"** – und damit **der Wunsch nach einem diktatorischen Staat.**[121] Er wird dank der Möglichkeiten der *Artificial Intelligence* zur **Perfektion des totalen Überwachungsstaates** führen, der schmerzhafter ist, als es die Sowjetunion, die DDR oder Hitler-Deutschland etc. waren. „*‹Total› bedeutet dann wörtlich ‹total›. Es wird nicht nur eine Überwachung rund um die Uhr möglich sein, sie wird sich dann auch auf unser Fühlen und Denken erstrecken.*" (Y. N. Harari im Gespräch mit Claudia Mäder, in: NZZ, 24.7.2019)

---

120 Vgl. Norbert Bolz mit seiner Kritik an Greta als Medienphänomen, in: NZZ, 31.8.2019.

121 Wie nicht anders zu erwarten schreibt Anna Schneider (NZZ 8.11.2019). **Von wegen nur Umweltschutz: In Wahrheit kämpfen die führenden deutschen Klimaaktivistinnen gegen Kapitalismus und Marktwirtschaft. Carola Rackete** und **Luisa Neubauer** sind die bekanntesten Köpfe der deutschen Klimaschutzbewegung. Beide haben kürzlich Bücher zum Thema vorgelegt. Die Lektüre lohnt sich – vor allem für Eltern, deren Kinder demonstrieren. Wie radikal diese Autorinnen sind, dürfte den wenigsten bewusst sein.

Dennoch, die wissenschaftliche Frage nach der Zukunft der Menschheit ist so berechtigt wie es alle zweckfreien wissenschaftlichen Fragen sind. Das Problem dabei ist „nur", den Reiz wissenschaftlicher Neugier und den der politischen Einflussnahme Einzelner auf unser Leben auseinanderzuhalten. Das ist ein Problem der Sozialwissenschaften schlechthin.

Fazit des Ökonomen: Weder die *wissenschaftlich* begründete Prophezeiung von Thomas **Robert Malthus** (des bevorstehenden Hungertods der Menschheit) noch die *wissenschaftlich* begründete Prophezeiung der **Marxisten** (des bevorstehenden Zusammenbruchs des Kapitalismus)[122] trafen ein. Wollen wir nun der dritten, *wissenschaftlich* begründeten Untergangs-Prognose der **Umweltaktivisten** Glauben schenken?[123] Sollten wir nicht besser den Lehren unseres Faches vertrauen und darauf bauen, dass die Menschheit – dank ihrer Intelligenz und ihrer Fähigkeit, individuelle Entscheidungen durch Preiskonkurrenz und/oder demokratischen Stimmenwettkampf zu koordinieren – in der Lage sein wird, den CO_2-Ausstoß auf wirtschaftlich rationalem Wege, zum Beispiel durch Verbilligung CO_2-sparender Energie zu senken? Sollte es nicht sinnvoller sein, das viele Geld, das wir in die Entwicklung von Algorithmen der „KI" pumpen – lieber in die Entwicklung von Algorithmen der **künstlichen Photosynthese** (von „KP" sozusagen) zu investieren, die es ermöglichen würde, den CO_2-Netto-Ausstoß unseres Lebensstils statt durch schwer kontrollierbare Zwangsmaßnahmen, durch die Kräfte des Marktes – die Verbilligung der Erzeugung von CO_2-

122 Vgl. z. B. Henryk Grossmann (1929), *Das Akkumulations- und Zusammenbruchs-Gesetz des kapitalistischen Systems*, Leipzig.

123 Vgl. Markus Schär, „Der Weltuntergang findet nicht statt", in: NZZ, 6.1.2020, Rezension von A. McAfee (2019).

sparender Energie herbeizuführen? Der *Economist* (7.12.2019) behandelt diese Möglichkeit unter der Überschrift „*Reverse gear*". Schwierigkeiten bereite weniger die technische Seite als vielmehr das Fehlen wirtschaftlicher Anreize, CO_2 aus der Atmosphäre wieder „abzusaugen".

Wie auch immer: **Zentraler Gegenstand der Ökonomik ist es zu zeigen, dass in einer liberalen Welt die Einzelnen zum Wohle aller in der Lage sind, sich dank ihrer wissenschaftlichen und wirtschaftlichen Intelligenz, ihrer sozialen Einbettung und der schützenden Hand des Staates gegen ungewisse Ereignisse rational zu wappnen und zu wehren. Das schließt Geo-Engineering und „Klima-Adaption" ein (*The Economist*, 30.5.2020).**

So schlägt zum Beispiel Björn Lomborg (Kopenhagen) vor, einfach „den Preis für grüne Energie durch Innovation zu verringern. Wenn sie wirtschaftlicher wird als Kohle und Öl, hätte keiner ein Problem damit zu wechseln." (NZZ, 4.10.2019). Dann würde allerdings das industriefeindliche Argument der Umweltaktivisten zusammenbrechen. Deshalb vielleicht auch die Gegnerschaft der „Grünen" beim Thema **Geo-Engineering** (NZZ, 30.9.2019, 34).[124]

Wenn man von dem international schwer zu lösenden „Commons-Problem" absieht (d. h. vom Problem der **Beherrschung der Treibhausgase**) ist bereits viel zum Schutze der Umwelt getan worden, und zwar sowohl hinsichtlich des Verbrauchs natürlicher Ressourcen als auch bezüglich der Umweltverschmutzung. McAfee (2019, 4) schildert diese Seite des Bildes enthusiastisch

124 Die Lausanner Hochschulen wenden sich einem „wirtschaftlich profitablem Klimaschutz" zu – als Lehrprogramm für „*Leader der nächsten Generation*". (NZZ, 19.12.2019).

in seinem Buch „*More From Less*". Seine vier **„Reiter des Optimismus"**[125] sind:

(1) **Kapitalismus,**
(2) **technischer Fortschritt,**
(3) **aufmerksame Öffentlichkeit und**
(4) **schnell handelnde Regierungen.**

> „The good news is that all four are at present advancing around the world. So, we don't need to make radical changes; instead we need to do more of the good things we are already doing."

Das **Problem der Emission von Treibhausgasen** – ein **Commons-Problem** (Ostrom 1992) – lösen die vier Reiter des Optimismus allerdings auch nicht. Sie tragen aber vielleicht dazu bei, das Problem im richtigen Licht zu sehen, d. h. als ein nur gemeinsam zu lösendes Problem. Das lauernde Problem der Anwendung brachialer Gewalt ist jedoch bei allem Optimismus von McAfee nicht zu übersehen.

Tatsächlich sind die Problemstellungen der theoretischen Volkswirtschaftslehre zu eng gefasst. Unverzichtbar zum Verständnis der misslungenen Sowjet-Typ-Volkwirtschaften ist die historisch belegte innere Dynamik von **Gewalt und sozialer Ordnung** – wie sie von North, Wallis, Weingast (2009) behandelt wird – ein weit in die soziale Entwicklungsgeschichte der Menschheit hineinreichendes Problem. Es ist auch noch nach dem Ende des Kalten Krieges – trotz des wirtschaftlichen Zusammenbruchs sozialistischer Wirtschaften, ein zent-

125 Kap. 7 und 9.

rales Problem der Debatte zum Thema „Sozialismus oder Kapitalismus". Im Gegenteil, Thomas Piketty (2014 und 2019) hat unter dem Aspekt der Verteilungsungerechtigkeit die kapitalistische Wirtschaftsordnung – ihre **„Tyrannei des Privateigentums"**[126] – mit zwei „Big-Data"-Werken attackiert. Vertreter der theoretischen Volkswirtschaftslehre haben keine Wahl, als auf politikwissenschaftliche Untersuchungen zur Dynamik sozialer Prozesse zu achten. Studium vom Typ der Studie von D.C. North, J.J. Wallis und B.R. Weingast liefern ein Beispiel. Das neoklassische Modell vollständiger Konkurrenz setzt eine gegebene soziale Ordnung voraus. Die Kräfte, die unser soziales System treiben, werden von allein neoklassisch arbeitenden theoretischen Volkswirten außer Acht gelassen.

126 Hervorhebung durch den Verfasser.

XII. Drei Ökonomen, die meine Arbeit stark beeinflussten

Von den Ökonomen, die auf meine Arbeit besonders großen Einfluss hatten, möchte ich drei hervorheben: **John Maynard Keynes**, **Milton Friedman** und **Ronald H. Coase**. Zu betonen ist, dass Volkswirtschaftslehre *per se* erheblich mehr große Gelehrte hervorgebracht hat, darunter vor allem F.A. Hayek (1960/1983) als Verteidiger der Freiheit.[127]

Es folgt eine kurze Charakterisierung der drei von mir genannten Persönlichkeiten mitsamt Lektüreempfehlungen.

(1.) **John Maynard Keynes** war ein ausgezeichneter Formulierer und schrieb mit der Respektlosigkeit des stolzen Cambridge-Absolventen. Um ihn „in voller Fahrt" zu erleben, lese man sein Buch über die Versailler Friedensverhandlungen, an denen er als Vertreter des Schatzkanzlers im Obersten Wirtschaftsrat teilhatte, mit der Vollmacht, Entscheidungen zu treffen. „Als klar wurde, dass keine Hoffnung auf grundlegende Änderungen der Friedensbedingungen mehr gehegt werden konnte, ersuchte er um Entlassung."[128] Er publizierte alsbald sein Buch *The Economic Consequences of the Peace*, New York: Harcourt, Brace 1920, von dem inzwischen eine neue deutsche Übersetzung existiert (J.M. Keynes, ***Krieg und Frieden – Die wirtschaftlichen Folgen des Vertrags von Versailles***, 2014 – [mit Belehrungen des Übersetzers *ad usum Delphini*]). Sehr lesenswert

127 Vgl. dazu Horn (2013).

128 Robinson (1956), 20.

sind die biografischen Essays von Keynes, seine Mahnworte zur Wirtschaftspolitik und seine Beiträge zur Politik, deren deutsche Übersetzung erschienen ist in E. Rosenbaum, ***Politik und Wirtschaft, Männer und Probleme***. Ausgewählte Abhandlungen von John Maynard Keynes, Tübingen: Mohr Siebeck 1956.

Keynes' entscheidender Beitrag zur Ökonomik ist bekanntlich *The General Theory of Employment Interest and Money*, London: Macmillan 1936. Es gibt eine gut lesbare deutsche Neuübersetzung von Nicola Liebert, John Maynard Keynes, *Allgemeine Theorie der Beschäftigung, des Zinses und des Geldes*, Berlin: Duncker & Humblot 2017. In diesem Werk versucht Keynes den Nachweis zu erbringen, dass der Marktmechanismus nicht in der Lage sein muss, Ungleichgewicht auf dem Arbeitsmarkt (Arbeitslosigkeit) zu beseitigen. Als Studenten quälten wir uns durch den englischen und den deutschen Text des viel zitierten und selten verstandenen Buches, dessen tieferen Sinn wir wie die meisten anderen erst nach Erscheinen des Artikels von J.R. Hicks (1937) verstanden. Das Buch enthält etliche treffende Formulierungen, und zwar – seinem polemischen Instinkt entsprechend – immer dann, wenn Keynes zum Angriff ausholte. Hierzu ein Beispiel aus seinen Schlussbetrachtungen zur Allgemeinen Theorie: „*Die Welt wird in der Tat durch nicht viel anderes beherrscht. Praktiker, die sich ganz frei von allen intellektuellen Einflüssen wähnen, sind zumeist Sklaven irgendeines längst verstorbenen Ökonomen. Verrückte an der Macht, die von irgendwoher Stimmen hören, destillieren ihren wilden Wahnsinn aus dem, was ein akademischer Schreiberling vor einigen Jahren zu Papier brachte.*“ (Englisch S. 383, deutsch S. 316)

(2.) **Milton Friedman** schrieb anders als Keynes – einen nüchternen, unprätentiösen Stil, wie ein Geschäftsmann, von langweiliger Klarheit. Keine gepfefferten Polemiken, keine Arroganz, keine persönlichen Attacken, keine frechen Metaphern. Auch keine geflügelten Worte, allenfalls ein nüchternes: *„There's no such thing as a free lunch!"* In den 50er Jahren wurde Friedman in Deutschland bekannt durch seinen Artikel **„The Case for Flexible Exchange Rates"** von 1953, den Egon Sohmen nach Deutschland brachte und damit eine deutsche Debatte auslöste. Der Artikel ist abgedruckt in Friedmans ***Essays in positive Economics***, Chicago: University of Chicago Press, 157–203. Eine sehr klare Darstellung seiner poltisch-ökonomischen Grundhaltung enthält sein Buch ***Capitalism and Freedom***, Chicago 1962, 1982; die deutsche Übersetzung heißt ***Kapitalismus und Freiheit***, Frankfurt a. M.: Eichhorn Verlag 2002. Ein sehr persönliches, sehr liebenswürdiges Bild von ihm und seiner Frau geben die Memoiren des Ehepaars Milton und Rose D. Friedman, ***Two Lucky People***, Chicago/London: The University of Chicago Press 1998. Nach seiner Emeritierung ging Friedman nach Kalifornien an die Hoover Institution, ein konservativer „Think Tank" an der Stanford University. Dort lernte ich ihn, seine Frau und seinen Schwager Aron Director in den 1980er Jahren kennen. Er war, was Tatkraft, Temperament und geistige Agilität angeht ein jung gebliebener Mann. Charakteristisch für sein Arbeitsethos war: Am Tag nach seinem Tod erschien auf einer Seite des Wall Street Journal links die Spalte mit seinem Nachruf, rechts die Spalte mit seinem letzten, von ihm verfassten *Op-Ed.*, das er noch in der Klinik, kurz vor seinem Tode geschrieben hatte.

(3.) **Ronald H. Coase** war ein sehr besonnen redender und schreibender Ökonom. Auf Konferenzen angegriffen verstand er es, sich in ruhigen, druckreifen Sätzen zu verteidigen (vgl. zum Beispiel Coase 1993, 96–98). Er hatte zuerst an der *University of London,* dann an der University of Chicago studiert, wo er bei Frank Knight und Jacob Viner hörte; 1964 wurde er an die University of Chicago berufen und im gleichen Jahr Herausgeber des *Journal of Law and Economics.* Auch im Alter verfolgte er die Weltereignisse mit unvermindertem Interesse. Noch kurz vor seinem 100. Geburtstag begann er, ein Buch über den Aufstieg der Volkswirtschaften von China und Vietnam zu schreiben. Er starb am 2. September 2013 in Chicago. Zu seinen herausragenden Leistungen gehört die Erkenntnis der Bedeutung der **Transaktionskosten**. Das sind die Kosten der Errichtung institutioneller Arrangements – wie komplexer Kaufverträge oder ganzer Unternehmungen. Sie sind der Grund, so Coase, warum in einer Marktwirtschaft nicht alle Transaktionen über Märkte erfolgen, sondern zum Teil auch in zentral gesteuerten Einrichtungen wie Unternehmungen oder Haushalten. Darüber hinaus zeigte er, dass das landläufige Gegenargument gegen die Theorie des totalen Konkurrenzgleichgewichts, sie missachte das Problem externer Effekte, nicht zutrifft.[129] Er zeigte, dass es sich für die Einzelnen lohnt, bei den im neoklassischen Modell angenommenen null Transaktionskosten, so lange zu verhandeln, bis alle Pareto-Ineffizienzen beseitigt sind.[130] Der von Coase angestoßene Denkstil führte im Übrigen zu der Einsicht, dass die zahlreichen unterschiedlichen Vertragsformen effizi-

129 Die Beeinträchtigung z.B. des Flussfischers durch die Abwässer einer flussaufwärts liegenden Färberei.

130 Sehr schöne Schilderung des Problems von George Stigler (1988).

enzbedingte Gründe haben können und keine wettbewerbsbeschränkenden Manöver sein müssen. Das Konzept unvollständiger Verträge wurde als Hilfsmittel gegen unvollständige Voraussicht erkannt (Williamson 1998). Ein neuer Denkstil entwickelte sich: die von **Oliver E. Williamson** (1975, 1) so bezeichnete „**Neue Institutionenökonomik**" (Überblick: Richter und Furubotn 2010).

Zum Schluss nochmals meine eingangs gestellter Frage: **Was ist Volkswirtschaftslehre** (*economics*)?[131] Lionel Robbins (1932, p. 16) antwortete lakonisch: „*Economics is the science which studies human behaviour as a relationship between ends and scarce means which have alternative uses.*"[132]

Aber ist das wirklich alles?

131 Das Fach „***Nationalökonomie, insbesondere Wirtschaftstheorie***" vertrat ich als Hochschullehrer zuerst an der Universität Frankfurt a. M. von 1953 bis 1960, dann als außerplanmäßiger Professor von 61 bis 64, danach als Ordinarius an der Universität Kiel und schließlich 30 weitere Jahre an der Universität des Saarlandes. Seit dem 1.10.1994 bin ich Emeritus.

132 Robbins (1952), 16, Fn. 1 unter Bezugnahme auf Menger, Mises, Fetter, Strigl und Mayer.

XIII. Was verstehe ich unter Theoretischer Volkswirtschaftslehre heute, nach 65 Jahren akademischer Lehre?

Ich verstehe sie heute folgendermaßen: Theoretische Volkswirtschaftslehre handelt vom Wohlstand der Nationen, seinen Ursachen und seiner Verteilung auf die Einzelnen. Sie ist deshalb eine Wissenschaft, die sich mit den materiellen Interessen der Einzelnen und ihrer inneren Dynamik befasst – einem theoretischen Problem **komplex dynamischer Anpassungsfähigkeit**, das sich allenfalls durch geeignete **computergestützte Rechenbeispiele**[133] illustrieren lässt oder durch **historische** Erfahrungen[134] begründet werden kann, nicht jedoch durch Lösungen ökonometrisch gestützter dynamischer Modelle.[135] Letztlich haben wir keinen handfesten Beweis der Widerspruchsfreiheit und Stabilität der realen Wirtschaft.[136] Wirtschaftstheorie steht insofern auf ideologisch schwankendem Boden. Wer das Fach vertritt, muss ideologisch Farbe bekennen: Nach meinem **'konservativ-liberalen' Verständnis** (Rödder 2019), ist Theoretische Volkswirtschaftslehre der erklärenden Teil der *Volkswirtschaftslehre* – einer Realwissenschaft, die die **Verfügung der Einzelnen** einer **freien Gesellschaft** über **knappe Güter**

133 Vgl. Miller und Page (2007).

134 Zum Beispiel der Zusammenbruch des zentral gesteuerten Großsystems der UdSSR im Vergleich zu den enormen Erfolgen zentral gesteuerter Kleinsysteme vom Typ der „Aktiengesellschaft" ('Corporation').

135 Weil es im Unterschied zur Physik in der Ökonomik keine festen Koeffizienten gibt vom Typ der Gravitation $g = 9{,}798\ m/s^2$. Abgesehen davon siehe auch Kirman (2016).

136 Vgl. Kirman (2016).

und deren **Tausch über offene und freie Märkte** zum Gegenstand hat. Auch Keynes und die ‚Keynesianer' denken in diesem Stil. Was sie bezweifeln (und ich auch früher bezweifelte) ist, dass Vollbeschäftigung ohne staatliche Interventionen realisiert werden kann. Unabhängig davon ist Ökonomik ein eminent politisches Fach, denn das wirtschaftliche Glück oder Unglück der Einzelnen hängt in starkem Maße von den Entscheidungen derjenigen ab, die auf den sozialen Rahmen der nationalen Wirtschaften Einfluss haben. Das sind die Politiker und intellektuellen Führungskräfte (voran die ‚öffentlichen Intellektuellen'[137]) aller Nationen.

Um gedankliche Ordnung in das Gewirr des nationalen und internationalen Wirtschaftslebens zu bringen, greifen wir sowohl auf Ansätze der **Rechtswissenschaft (1.)** als auch der **Naturwissenschaft (2.)** zurück, und zwar **(1.)** auf die **Grundsätze des Naturrechts** (David Hume (1739/40[138]), **(2a)** auf das **ökonomische Kreislaufmodell**, das auf die Entdeckung des Blutkreislaufs zurückgeht (François Quesnay 1759) und **(2b)** auf das Konzept **des Gleichgewichts auf allen Gütermärkten**, dem Newtons Himmelsmechanik zugrunde liegt (Léon Walras 1874). Es gibt allerding keine Antwort auf das **Problem der Ungewissheit der Zukunft**. Ansätze dazu liefern Keynes (1936) und Vertreter der **Neuen Institutionenökonomik**.[139]

So weit die *„formalistische" Auffassung* der Wirtschaftstheorie. Sie erklärt freilich nur den Austausch von Gütern in einem „sozialen Vakuum". Im Wirtschaftsleben spielen jedoch auch in-

137 Z.B. Karl Marx; zum Thema ‚öffentliche Intellektuelle' vgl. Posner (2001).

138 Zur Anwendung der Grundsätze des Naturrechts in der Wirtschaftspolitik vgl. Eucken (1975), Richter (2018b) und Richter (2014).

139 Vgl. Überblick in Richter (2016a).

formelle Normen eine wichtige Rolle. Der *„substantivistischen" Auffassung* (Polanyi 1944) folgend werden – wenn auch langsam die formalen Ansätze um soziokulturelle Rahmenbedingungen erweitert (so z. B. von North 1990 und anderen Vertretern der **Neuen Institutionenökonomik**[140]). Die vorherrschende **nationale Kultur** wird berücksichtigt (die national weitervererbte sittliche Gesinnung der Einzelnen).[141] Arrow (1974, 26) hebt die nationale Kultur als eine zusätzliche „unsichtbare Institution" hervor und fährt fort „Gemeinwesen haben in ihrer Entwicklung stillschweigende Übereinkommen über ihr Verhalten untereinander entwickelt [...], die wesentlich sind für das Überleben des Gemeinwesens oder zumindest beträchtlich zu ihrer Funktionstüchtigkeit beitragen." Er schreibt: **Vertrauen** untereinander „ist ein wichtiges Gleitmittel einer Gesellschaft. Es ist extrem effizient; es erspart viel Ärger, wenn man sich auf das Wort eines anderen einigermaßen verlassen kann (Arrow 1974, 23; Fukuyama 1995, 14). Wir nennen heute das System informeller Regeln das **„Sozialkapital"** einer Wirtschaft (Richter und Furubotn 2010). Empirische Forschungen zur Entwicklung von „Sozialkapital" liefern Arbeiten von Ethnologen wie Henrich (2016).

In der modernen **Wirtschaftstheorie** und ihren Prognosemodellen spielt leider die scheinbar **„revolutionsfeste"** *formalistische Auffassung* die führende Rolle. Die empfindlichere *substantivistische Auffassung* tritt zurück. Sie sollte zumindest bei der Analyse und dem Entwurf internationaler Organisationen beachtet werden.[142]

---

140 Richter (2005) und Kap. 1 in Richter (2015).

141 Paqué (2018, 297–300).

142 Richter (2016b).

Literatur

Aivazian u. a., 1987, "The Coase Theorem and Coalitional Stability", *Economica*, 54, 517–520.

Akerlof, G.A. (1970), "The Market for 'Lemons': Quality, Uncertainty and the Market Mechanism," *Quarterly Journal of Economics*, 84, 488–500.

Alchian, A.A. (1958, 1965b), "Private Property and the relative cost of tenure" in Bradley, Ph. D., Herausgeber, *The Public Stake in Union Power*, Charlottesville.

Alchian, A.A. und Kessel, R. A. (1962), "Competition, Monopoly and the Pursuit of Pecuniary Gain" in: *NBER, Aspects of Labor Economics*, 157–175.

Alchian, A.A. (1965b) "Some Economics of Property Rights", Il Politico, 30, 816–829, Abgedruckt in: A.A. Alchian (1977a).

Alchian (1977), *Economic Forces at Work*, Indianapolis.

Aoki, M. (2001), *Toward a Comparative Institutional Analysis*, Cambridge, MA & London: MIT Press.

Appelbaum, B. (2019), *The Economists' Hour. How the False Prophets of Free Markets Fractured Our Society*, London, Picador ISBN 978-1-5098-7914-4.

Aristoteles, 1263 a 25; 1993, 115, *Politik. Schriften zur Staatstheorie*, Hrsg. von F. F. Schwarz, Stuttgart.

Arrow, K.J. (1951), *Social Choice and Individual Values*, New York, New York: Wiley.

Arrow, K.J. (1953), ‚Le rôle des valeurs boursières pour la répartition la meilleure des riskes', Econométrie Paris, Centre National de la Recherche Scientifique, 41–48.

Arrow, K.J. (1962), "Economic Welfare and the Allocation of Resources for Invention" in: National Bureau of Economic Research, Hrsg., *The Rate and Direction of Inventive Activity: Economic and Social Factors*, Princeton.

Arrow, K.J. (1974), *The Limits of Organization*, Cowles Commission for Research in Economics, New York: W.W. Norton.

Baron, J.N. & Kreps, D.M. (1999), *Strategic Human Resources. Framework for General Managers*, New York et al.: John Wiley.

Bechthold, S. (2002), *Vom Urheber- zum Informationsrecht. Implikationen des Digital Rights Management*. München.

Becker, G. S. (1981), *A Treatise on the Family*, Cambridge, Mass.: Harvard University Press.

Bernanke, B. S., Th. Laubach, F.S. Mishkin, A. S. Posen (1999), *Inflation Targeting. Lessons from the International Experience*, Princeton and Oxford: Princeton University Press.

Besen, St. M. und Raskind L.J. (1991) "An Introduction to the Law and Economics of Intellectual Property" *Journal of Economic Perspective*, 5(1), 3–27.

Bindseil, U. (2004), *Monetary Policy Implication. Theory – Past – Present*, Oxford: Oxford University Press.

Blanchard, O. E., kapitalverkehrskontrollen-taugenmehr-als-kooperation%2F&usg=AOvV aw1B2C8o3qn6B3NR8KD50q5m.

Bolz, N. (1999), *Die Konformisten des Andersseins, Ende der Kritik*, 2. Aufl., München: Wilhelm Fink.

Bolz, N. (2010), *Die Ungeliebte Freiheit. Ein Lagebericht*. München: Wilhelm Fink.

Bonus, H. (1981), „Emissionsrechte als Mittel der Privatisierung öffentlicher Ressourcen aus der Umwelt," in: Wegehenkel, L. Hrsg. (1981, 54–77).

Borchert, J. (2014), *Sozialstaatsdämmerung*, München: Goldmann.

Bourke, R. (2015), *Empire & Revolution. The Political Life of Edmund Burke*, Princeton N. J.: Princeton University Press.

Brunschweiger, V. (2019) *Kinderfrei statt kinderlos. Ein Manifest*, ISBN: 9783963171482

Buchanan und Tullock (1962), *The Calculus of Consent*, Ann Arbor, MI.

Burt, R. S. (1992), "The Social Structure of Competition" in: N. Nohria & R.G. Eccles, Hrsg., *Networks and Organizations. Structure, Form and Actions*, Boston, MA. 57–91.

Clark, C. W. (1977), "The Economics of Over-Exploitation" in G. Hardin und J. Baden, Hrsg., *Managing the Commons*, San Francisco, 82–95.

Coase, R. H. (1959), "The Federal Communication Commission", *Journal of Law and Economics*, 2, 1–40.

Coase, R.H. (1988), *The Firm, the Market and the Law*, Chicago: University of Chicago Press.

Coase, R.H. (1993), "Coase on Posner on Coase", *Journal of Institutional and Theoretical Economics*, 149, 96–98.

Coleman, J. S. (1988), "Social Capital in the Creation of Human Capital", *American Journal of Sociology*, Suppl., 94, 95–120.

Dam, K.W. (1999), "Self-Help in the Digital Jungle", *Journal of Legal Studies*, 28, 393–412.

Dasgupta P. und Serageldin, I., Hrsg. 2000, *Social Capital: A Multifaceted Perspective*, Washington.

DeAlessi, L. (1980), "The Economics of Property Rights: A Review of the Evidence", *Research in Law and Economics*, 2, 1–47.

Debreu, G. (1959), *Theory of Value. An Axiomatic Analysis of Economic Equilibrium*, New York: John Wiley.

Demsetz, H. (1964, 1966, 1967) "The Exchange and Enforcement of Property Rights", *Journal of Law and Economics.*

Demsetz, H. (1967), "Toward a Theory of Property Rights", *American Economic Review, Papers and Proceedings*, 57, 347–359.

Economist (2019), "The self-preservation of society", *The Economist*, 2019, July 6th, p. 18.

Engel, C. (2002),„Die soziale Funktion des Eigentums", in von Danwitz, Th., Depenheuer, O., Engel, C., Hrsg., *Bericht zur Lage des Eigentums*, Berlin, 11–107.

Eucken, W. *Grundsätze der Wirtschaftspolitik*, 5. Auflg. Tübingen: Mohr Siebeck.

Friedman M (1953), "The case for flexible exchange rates." In: Friedman M (ed) *Essays in positive economics.* Chicago University Press, Chicago, pp. 157–203.

Ferguson, Niall (2016), *Der Niedergang des Westens. Wie Institutionen verfallen und Ökonomien sterben*, 2. Aufl., Berlin: List Taschenbuch, Ullstein.

Fukuyama, F. (1959), *Trust. The Social Virtues and the Creation of Prosperity*, London: Hamish Hamilton.

Furubotn und Pejovich (1974), "Bank Credit and the Labor-Managed Firm: The Yugoslav Case", in: *The Economics of Property Rights*, Cambridge, MA.

Furubotn und Pejovich (1976b), "Worker Alianation and the Structure of the Firm" in: S. Pejovich, Hrsg.,*Government Control and the Free Market*, Colllege Station, TX, 195–225.

Furubotn (1978), "Economic Consequences of Codetermination on the Rate and Sources of Private Investment" in S. Pejovich (Hrsg.), *The Codetermination Movement in the West. Labor Participation in the Management of Business Firms*, Lexington, MA.

Furubotn (1995) “Income Transfers, Entrepreneurial Effordt, and the Coase Theorem: The Case for Efficiency Reconsidered”, *European Journal of Law and Economics*, 2, 99–118.

Gräbe, S. (Hrsg.), (1993), *Der private Haushalt als wissenschaftlicher Diskurs*, Frankfurt/M.: Campus.

Gutenberg, E. (1951), *Grundlagen der Betriebswirtschaftslehre, Erster Band, Die Produktion*, Berlin, Göttingen, Heidelberg: Springer.

Hall, B. H. und Ziedonis, R.H. (2001), “The Patent Paradox Revisited: An Empirical Study of Patenting in the U.S. Semiconductor Industry, 1979–1995” *RAND Journal of Economics*, 32, 101–128.

Harari, Yuval Noah (2015), *Eine kurze Geschichte der Menschheit*, 3. Aufl., Random House.

Hardin, G. (1968), „The Tragedy of the Comons“, *Science, 162*, 1243–1248.

Hayek, F.A. editor (1935), *Collectivist Economic Planning, Critical Studies on the Possibilities of Socialism by N.G. Pierson, Ludwig von Mises, Georg Halm, and Enrico Barone*, London: George Routledge.

Hayek, F.A. (1944), *The Road to Serfdom*, London and Henley: Routledge & Kegan Paul.

Hayek, F.A. (1960), *The Constitution of Liberty*, Chicago: University of Chicago Press.

Hayek F.A. (1977), *Entnationalisierung des Geldes. Eine Analyse der Theorie und Praxis konkurrierender Umlaufmittel*, Tübingen: Mohr Siebeck.

Hayek, F.A. von (1983), *Die Verfassung der Freiheit* 3. Aufl., dt. Übersetzung von Hayek (1960), Tübingen: Mohr Siebeck.

Hayek, F.A. (1996), *Die Anmaßung von Wissen, Neue Freiburger Studien*, W. Kerber ed., Tübingen: Mohr Siebeck.

Hayek, Friedrich (2019), *The Palgrave Companion to LSEconomics*, pp. 373–397.

Hellwig, M. (2008), "Systemic Risk in the Financial Sector: An Analysis of the Subprime- Mortgage Financial Crisis." Preprints of the Max Planck Institute for Research on Collective Goods, 12 September 2016: https://www.coll.mpg.de/pdf_dat/2008_43online.pdf.

Hicks, J.R. (1937), Mr. Keynes and the "Classics"; A Suggested Interpretation, *Econometrica*, 5: 2 147–159.

Hirshleifer, J. (1970), *Investment, Interest, and Capital*, Englewood Cliffs, N.J.

Hirshleifer, J. und Riley, J.G. (1979), "The Analytics of Uncertainty and Intermediation – An Expository Survey", *Journal of Economic Literature*, 17, 1375–1421.

Horn, K, I. (2013), *Hayek für Jedermann. Die Kräfte der spontanen Ordnung*, Frankfurt a. M.: Frankfurter Allgemeine Buch.

Hume, D. (1739–40), *A Treatise of Human Nature*, Penguin Books, 1969, London: Penguin Group.

Hume, D. (2004), *Traktat über die menschliche Natur. Ein Versuch, die Methoden der Erfahrung in die Geisteswissenschaft einzuführen*, 1. bis 3. Buch, Übersetzung von Theodor Lipps 1912, Berlin: xenomoi 2004.

Jensen, M.C. und Meckling, W. H. (1976) "The Theory of the Firm: Managerial Behavior, Agency Costs and Ownership Structure," *Journal of Financial Economics*, 305–360.

Kaiser, B. (2018), *Kultur Marxismus*, Mühlenbecker Land: Seuse Verlag.

Keynes, J.M. (2017), *Allgemeine Theorie der Beschäftigung, des Zinses und des Geldes*, neuübersetzt von Nicola Liebert, Berlin: Duncker & Humblot.

Keynes, J.M. (1936, Reprint: 1961), *The General Theory of Employment Interest and Money*, London: Macmillan.

Kirman, A. (2016) "Complexity and Economic Policy: A Paradigm Shift or a Change in Perspective? A Review Essay of David Colander and Roland Kupers's Book." *Journal of Economic Literature* 2016, 54(2), pp. 534–572.

Knight, F. H. (1921), *Risk, Uncertainty, and Profit*, Boston and New York: Houghton Mifflin.

Krugman, P. 2014. "Why aren't the Alarm Bells Ringing?" Review of The Shifts and the Shocks. What We've Learned – and Have Still to Learn – From the Financial Crisis, by M. Wolf. *The New York Times Review of Books*, October 23.

Lerner, A. P. (1947), "Money as a Creature of the State," *American Economic Review*, 37, 312–317.

Lessig, L. (1999, 6), *Code and other Laws of Cyberspace*, N.Y.

Lewis, D. (1969), *Convention / A Philosophical Study*, Cambridge, MA: Harvard University Press.

Martin, D. L. (1972), "Job Property Rights and Job Defection", *Journal of Law and Economics*, 15, 385–410.

Martin, D.L. (1977), "The Economics of Employment Termination Rights", *Journal of Law and Economics*, 20, 187–204.

McAfee, A. (2019), *More From Less. The Surprising Story of How We Learned to Prosper Using Fewer Resources – and What Happens Next*. New York: Simon & Schuster.

McCloskey, D. N. (1983), "The Rhetoric of Economics," *Journal of Economic Literature*, 21, 481–517.

McCloskey, D. N. (1994), *Knowledge and persuasion in economics*, Cambridge, Cambridge University Press.

Mackenrot, G. (1952) „Die Reform der Sozialpolitik durch einen deutschen Sozialplan." in: *Schriften des Vereins für Socialpolitik* NF, Band 4, Berlin.

Marx, K. & Engels (1848), *Manifest der Kommunistischen Partei*, London.

Mäki, U. (2012), "Realism and Antirealism about Economics," in: *Handbook of the Philosophy of Science*, Vol. 13, Philosophy of Economics, Mäki, U. Hrsg. Amsterdam et al.: Elsevier, ISBN: 978-04444-5267.

Menger, C (1871) *Grundsätze der Volkswirthschaftslehre. Erster, allgemeiner Teil*, Wien 1871, GW, Band 1.

Menger, C. [1883/1969], *Untersuchungen über die Methoden der Socialwissenschaften und der Politischen Oekonomie insbesondere*, 2. Aufl. Tübingen: Mohr Siebeck [English translation 1963, Problems of Economics and Sociology, Urbana, Ill.]

Menger, C. (1984), *Die Irrtümer des Historismus in der deutschen Nationalökonomie*, Wien: A. Hoelder.

Mill, John, St. (1869/2014) *On Liberty*, Enhanced Ebooks, ISBN-10: 149754873 X.

Miller, J.H. and S. E. Page (2007), *Complex Adaptive Systems, An Introduction to Computational Models of Social Life*, Princeton Univ. Press 2007.

Minsky, H. P. (1986), *Stabilizing an Unstable Economy*. New York: McGraw-Hill.

Minsky, H. P. (1996), "Uncertainty and the Institutional Structure of Capitalist Economies," *Journal of Economic Issues*, Vol. 30, Issue 2, June 1996.

Mirowski (1989), *More Heat than Light. Economics as Social Physics: Physics as Nature's Economics*, Cambridge/M.: Cambridge University Press, 1989, p. 393.

Möller, H. (2004), „Der Kreis der Kollegen um Heinz Sauermann", in: Schefold, B. (Hg.), *Wirtschafts- und Sozialwissenschaftler in Frankfurt am Main*, Marburg: Metropolis Verlag.

Niskanen (1968), "Nonmarket Decision Making: The Peculiar Economics of Bureaucracy", *American Economic Review*, Papers and Proceedings, 58, 293–305.

North, D.C. (1990), *Institutions, Institutional Change and Eonomic Performance*, Cambridge, MA.

North, D.C. (1992), *Institutionen, institutioneller Wandel und Wirtschaftsleistung*, Tübingen: J. C. B. Mohr.

North, D.C. (2005), *Understanding the Process of Economic Change*, Princeton, NJ.: Princeton Univ. Press.

North, D.C., Wallis, J.J., and Weingast, B. R. (2009), *Violence and Social Orders*, Cambridge et al.: Cambridge University Press.

Ostrom, E. (1990), *Governing the Commons. The evolution of institutions for collective actions*, Cambridge: Cambridge University Press.

Ostrom, E. (1992), file:///Users/rudolfrichter/Desktop/Elinor%20 Ostrom's%208%20Principles%20for%20Managing%20A%20 Commmons%20%7C%20On%20th e%20Commons.html#sthash.KYNwKRXI.dpbs Paqué, K.-H. (2018), "Die Rückkehr der Mitte Europas. 70 Jahre Soziale Marktwirtschaft in Deutschland," *Perspektiven der Wirtschaftspolitik*, 19(4): 269–301.

Piketty, Th. (2014), *Capital in the Twenty-First Century*, Cambridge, Mass.: Belknap Press. of Harvard Univ. Press.

Piketty, Th. (2019), *Capital and Ideology*, Cambridge, Mass.: Belknap Press. of Harvard Univ. Press.

Polanyi, K. (2001) *The Great Transformation: The political and economic origins of our time*. Beacon, Boston 2001 [edition 1944], ISBN 0-8070-5643-X.

Posner, R.A. (2001), *Public Intellectuals: A Study of Decline*, Cambridge, M.: Harvard Univ. Press.

Richter, R. (1982), *Volkswirtschaftliche Gesamtrechnung, Volkswirtschaftliche Finanzierungsrechnung, Zahlungsbilanz*, 2. völlig neu bearbeitete Aufl., Wiesbaden: Gabler.

Richter, R. (1990), *Geldtheorie. Vorlesung auf der Grundlage der Allgemeinen Gleichgewichtstheorie und Institutionenökonomik*, 2. Auflage, Berlin, Heidelberg etc.: Springer.

Richter, R. (1992), "A Socialist Market Economy – Can It Work?", *Kyklos*, 45, 185–20715.

Richter, R. (1996), "Bridging Old and New Institutional Economics: Gustav Schmoller, Leader of the Younger German Historical School, seen with Neoinsitutionalists' Eyes", *Journal of Institutional and Theoretical Economics*, 152:4, 567–592.

Richter, R. (2005), "The New Institutional Economics: Its Start, Its Meaning, Its Prospects," *European Business, Organization Law Review*, 6:2, 161–200 und Ch. 1 in R. Richter, (2015).

Richter, R. "Efficiency of Institutions" in: *Festschrift. Kirchner* (2014), S. 1277–1300.

Richter, R. (2015), *Essays on New Institutional Economics*, Heidelberg et al.: Springer.

Richter, R. (2016a), "On Uncertainty in Keynesian Macroeconomics and German Ordnungstheorie." *Schmollers Jahrbuch* 136 (2016), 131–154.

Richter, R. (2016b), "Whither New Institutional Economics," *European Bus. Org. Law Review*, Vol. 17, pp. 541–554.

Richter, R. (2017), "Reconsidering the independence of the European Central Bank," *Credit and Capital Markets*, 3, Vol. 50, pp. 267–279.

Richter, R. (2018a), *That Everlasting "Methodenstreit" Between Economists: How Schmoller might have better answered Menger*, DOI 10.13140/RG.2.2.36301.03046.

Richter, R. (2018b), "A Short Note on 'Ordoliberalism: A German Oddity?'" *European Business Organization Law Review*, 19:677–678.

Richter, R. und Furbotn, E. (2010), *Neue Institutionenökonomik*, 4. Aufl., Tübingen: Mohr Siebeck.

Richter, R., Schlieper, U., Friedmann, W., (1981), *Makroökonomik. Eine Einführung*, 4. korrigierte und ergänzte Aufl., Berlin – Heidelberg – New York: Springer.

Robbins, L. (1952), *An Essay on the Nature & Significance of Economics Science*, 2nd ed., London: Macmillan,

Rödder, A. (2018) *Wer hat Angst vor Deutschland? Geschichte eines europäischen Problems*, Frankfurt a. M.: S. Fischer.

Rödder, A. (2019), *Konservativ 21.0, Eine Agenda für Deutschland*, München: C.H.Beck.

Samuelson, P. A. (1958), "An Exact Consumption-Loan Model of Interest With or Without the Social Contrivance of Money", *Journal of Political Economy*, 66, 467–482.

Schmoller, G. (1883), „Zur Methodologie der Staats- und Sozialwissenschaften," *Jahrbuch für Gesetzgebung, Verwaltung und Volkswirtschaft im Deutschen Reich*, 7, 239–258.

Schmoller, G. (1900), *Grundriss der Allgemeinen Volkswirtschaftslehre, Erster Teil*, Leipzig: Duncker & Humblot.

Schumann, J. (1992), *Grundzüge der mikroökonomischen Theorie*, 6. Auflage, Berlin, Heidelberg etc.: Springer.

Schumpeter, J.A. (1950), *Kapitalismus, Sozialismus und Demokratie*, 2. Aufl., Bern: A. Francke A.G.

Schumpeter, J. A. (1955), *History of Economic Analysis*, Elizabeth Boody Schumpeter editor, New York: Oxford University Press.

Schwab, K. and Malleret, T. (2020), *Genf: World Economic Forum, CH-1223 Cologny/Geneva*, ISBN 978-2-940631-12-4.

Smith, A. (1776/1999), *An Inquiry into the Nature and Causes of the Wealth of Nations* (/deutsch: Untersuchung über Wesen und Ursachen des Reichtums der Völker, 2 Bd., Düsseldorf: Verlagswirtschaft und Finanzen.

Smith, V. L. (1969), "On Models of Commercial Fishing", *Journal of Political Economy*, 77, 181–198.

Sobel, J. (2002), "Can We Trust Social Capital?", *Journal of Economic Literature*, 40, 139–154.

Solow, R. (1985), "Economic History and Economics," *American Economic Review*, 75 (2) (May), 328–31.

Solow, R.M. (2000), "Notes on Social Capital and Economic Performance!" in: P. Dasgupta und I. Serageldin (2000, 6–10).

Stigler, G. J. (1988), *Memoirs of an Unregulated Economist*, New York: Basic Books.

Stiglitz, J. E. (1994), *Whither Socialism?* Cambridge, Mass.: The MIT Press.

Swedberg, R. (1994), "Markets as Social Structures," Ch. 11 in: *The Handbook of Economic Sociology*, N.J. Smelser and R. Swedberg, eds, Princeton, N.J.: Princeton Uni. Press / New York: Russel Sage Fd.

Thaler, R. H. (1988), "Anomalies: The Ultimatum Game", *Journal of Economic Perspectives*, 2, no. 4, 195–206.

Vaubel, R. (1977), "Free Currency Competition," *Weltwirtschaftliches Archiv*, 113, S. 435–461.

Wallison. P.J. (2009). "The True Origins of This Financial Crisis as opposed to a desperate liberal legend." *The American Spectator*, February.

Walras, L. (1874/1954), *Éléments D'Économie Politiq Pure*, Lausanne: L. Corbaz. Englische Übersetzung der definitiven Ausgabe von 1926 von W. Jaffé, (1954) Elements of Pure Economics or the Theory of Social Wealth, London: Allen and Unwin.

Wegehenkel, L. (Hrsg.) (1981), *Marktwirtschaft und Umwelt*, Tübingen: Mohr Siebeck.

Wegener, M. (2021), *Kulturkampf um das Volk, Der Verfassungsschutz und die nationale Identität der Deutschen*, Lau Verlag & Handel KG, Reinbeck.

Wehler, Hans-Ulrich (2013), *Die neue Umverteilung: Soziale Ungleichheit in Deutschland*, 2. Aufl., München: C.H.Beck.

Williamson, O. E. und S. G. Winter eds. (1991), *The Nature of the Firm. Origins, Evolution, and Development*, New York & Oxford: Oxford University Press.

Woolcock, M. (1998), "Social Capital and Economic Development", *Theory and Society*, 27, 151–208.

Anhang

Grafiken zu Abschnitt „IV. Der Wirtschaftskreislauf“

Entlehnt aus Richter (1982)

H_1	
C 820	

U_1	
	C 820

Buchungssatz:
„Von Haushalte an Unternehmungen“

Graphisch:

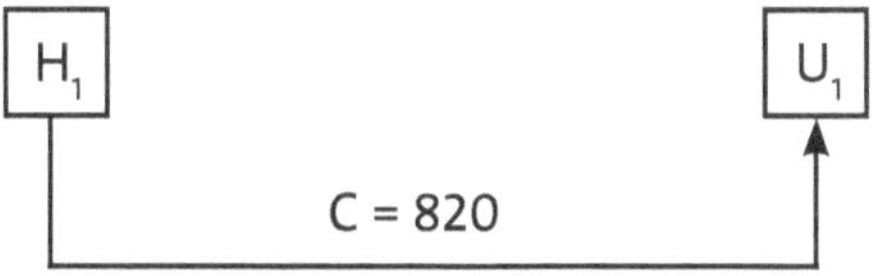

Abb. 1

Die Kästchen H_1, U_1 bezeichnen die „laufenden Konten“ der Sektoren **„Haushalte“** und **„Unternehmungen“**. Die Haushalte beziehen aber auch ein Einkommen **F** = 900. Wenn sie 820 für Konsumgüter ausgeben, sparen sie $\mathbf{S}_H = 80$. Wir verbuchen das auf dem konsolidierten „Vermögensveränderungskonto“ **V** der Haushalte und Unternehmungen. Wir nehmen an, dass die Haushalte 80 bei den Unternehmungen anlegen, die ihrerseits I = 100 investieren, wovon sie $\mathbf{S}_U = 20$ aus ihren Verkaufserlösen selbst bezahlen.

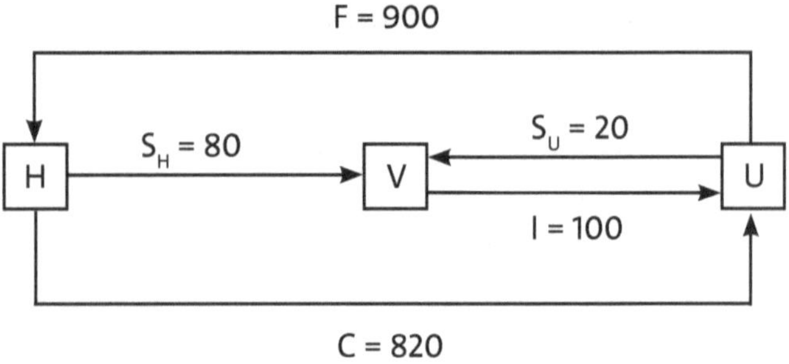

Abb. 2

Fügen wir den Sektor „Staat" (St) hinzu, der Einnahmen aus Steuern **T** und Ausgaben für Güterkäufe bei Unternehmungen **G** hat, dann sind seine Ersparnisse („Budgetüberschüsse) gleich $T - G = S_{St}$. Da dieses Bild den Kreislauf der ökonomischen Transaktionen einer Periode zeigt, nenne ich es **„Kreislaufschema"** (Richter 1982, 26 f.).

Fügen wir ferner den Sektor „Ausland" **A** ein mit den Transaktionen „Exporte" **Ex** und „Importe" **Im**, dann wird das elementare Kreislaufschema ergänzt zu **Abb. 3** (entlehnt Richter 1973, 31).

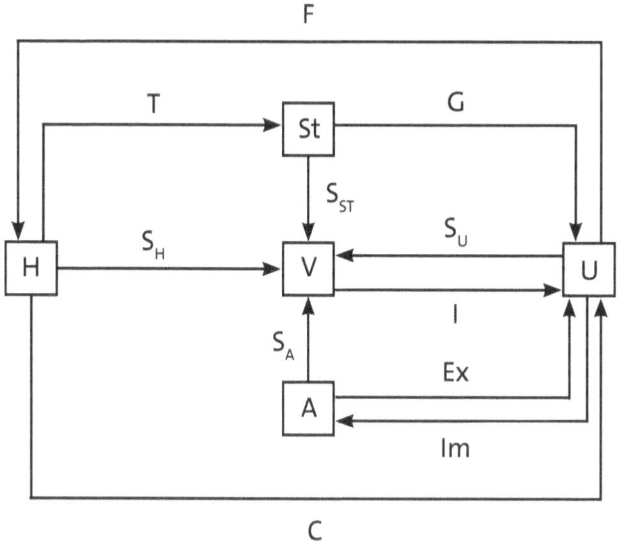

Abb. 3

Kolibri 360 GmbH
Ferdinand-Jühlke-Straße 7
99095 Erfurt, Deutschland
produktsicherheit@kolibri360.de